親が知っておきたい学校教育のこと

1

赤堀侃司［著］

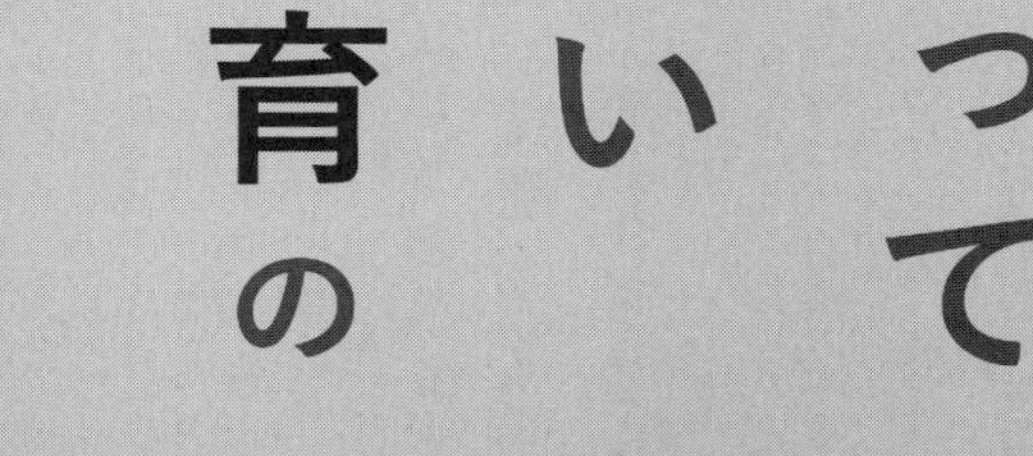

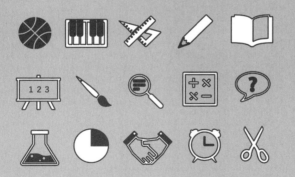

Jam House

はじめに

本書は、学校は何をしているのか、そもそも学校とは何なのか、どのように子どもを指導しているのか、なぜ先生と呼ばれるのか、いじめや不登校はなぜ起きるのか、学校はどう対応しているのか、それは、どのような考えに基づいているのかなど、学校教育に関する基本的な問いについて、解説しています。その目的は、学校についての基本を知ることで、家庭における子どもへの接し方、家庭教育の在り方について、世の親に考えてもらいたいからです。

今日、教育をめぐる問題は、山積みされています。それは、学校が責任を負う原因もありますが、家庭にもあるでしょう。家庭でどうすればいいのかは、むしろ学校に多くのヒントが隠されています。学校は教育の専門機関であり、教師はその指導の専門家です。この意味で、家庭や親は、学校や教師から学ぶことが多くあります。

親が、子どもにどう接するか、家族がどう協力するのか、どう自立させればよいのか、どのような大人になってもらいたいのか、それは家庭教育の方針に関わることなので、こうすべき、と押し付けることは、できません。そこで、学校教育を眺めていただきたいのです。知っているようで、知らないことが、多いはずです。

子どもを学校に通わせる親からすれば、我が子がいじめや不登校にならないようにするには、どうしたらいいのか、習い事をさせたほうがいいのか、先生の子どもの指導力を信頼していいのか、など不安があるかもしれません。学校教育を知ることで、その答えを引き出していただきたいという目的で、専門的な内容も踏まえて、本書を書き下ろしました。

世の親の皆さんにとって、本書が参考になれば、幸いです。

２０１７年１月下旬　著者　赤堀侃司

1 教師以外にも教育を語ることができるのは、なぜだろうか？

小学生の子どもを持つお母さん方が集まると、担任の先生がどうもね、という愚痴を言う場面が多い。母親に限らず、父親も、また子どもがいないサラリーマンも、今の教育はおかしいよ、どうして昔のように厳しく指導しないのだと、不満を言う声は、どこでも聞かれる。たぶん、いつの時代でも、どの社会でも同じだろう。人は、誰でも教育を語ることができるのは、誰でも教育を受けた経験があるからだ、という当たり前の声が聞こえてきそうである。本当にそうだろうか、そのことを考えてみよう。

りんご農家

NHKの「プロフェッショナル　仕事の流儀」で放送された、りんご農家のドキュメンタリーは、いつ見ても感動する。いつ見ても、というのは、私が大学に勤めた時に、教員養成の科目で、最初の授業、前期なら4月の初めに学生たちに視聴させた経験があるからである。正式なタイトルは、「りんごは愛で育てる、農家木村秋則の仕事」である。映画にもなったから、知っている読者も多いと思うが、簡単に紹介しよう。

木村さんは、青森県のりんご農家であるが、農薬の散布で、自分も奥さんも皮膚がただれる、などの経験から、農薬を使わない自然農法で、りんごを育てることを決意する。しかし、りんごは病害虫に弱く、りんごの木が枯れて、花をつけない。りんごの収穫がない年が続き、経済的も苦しくなって、夜のアルバイトにも出るような、2人の子どもたちも、消しゴムを2つに切って使うような、文字通り爪に灯りをともすような極貧の生活を送った。自殺を考えるような日々が続いたある日、ついにりんごに白い花が見事に咲いて、無農薬のりんごの栽培に成功した。決意した日から、8年目という永い月日であった、という感動的な映像である。木村さんがＮＨＫのスタジオに来て、自分はりんご語がわからないけれど、自分は何もしていない、ただりんごが自力で育つのを助けているだけだと、何度も話した。木村さんの笑顔が、その思いをよく伝えていた。

「りんご農家はりんごを育てる」、「教育は人を育てる」、育てることにおいては同じではないのかと考えれば、木村さんの語りは、教育を語っていると考えてよいであろう。このことを少し考えてみよう。

なぜ、木村さんは8年間も無農薬にこだわったのか。それは、りんごにとって自然な環境が最も優れているからだと、自分はそれを確信したという言葉で語っている。これは、教育では、教育的信念とか、教育的価値、教育的使命などと言われる。だから親が、学校の先生と面談している時、その教師は教育的な信念や教育的な価値観に基づいて話していることに、注意してほしい。それが、世間の価値観とずれることがある。それが学校と家庭の教育方針の違いと映る場合もある。

また彼は、りんごが自力で育つのだ、自分はただ見守り、手助けをしたに過ぎないのだと語っているが、そこに、彼のりんごへの愛情を私たちは感じるだろう。教師もまったく同じで、子どもへの愛情がなければ、教育はできない。江戸時代の寺子屋の時代から、戦時中の二十四の瞳の大石先生、そして現在にいたるまで、教育愛が教育の中心にあることは間違いない。教師は労働者だという倫理綱領もあるが、実際の個々の教師は、子どもと接する時は、そんな議論はしない。教員仲間の飲み会では、必ず子どもの話が出るが、批判するような話は聞いたことがなく、ほとんどが子どもに教えられるようなエピドードで満ちている。あの子が、今日こんなことを言ったのだが、面白いね、などと話す。それは、子どもを知ると言ってもよい。教師の日々の活動は、子どもを知ること、子どもは何をするのだ、どのような時に、力を発揮するのか、どのような時に、そっぽを向くのか、知らないことばかりで、その話に夢中になる。言われてみれば、世間から見れば、小さな世界と映るかも知れない。

教師は、りんご農家木村さんと同じ目つきで、子どもを見ている。育ってほしい、自力で伸びてほしいという気持ちは、りんご農家でも学校の教師でも同じである。世間の上司や会社への愚痴のはけ口のような飲み会は、あまり聞いたことがない。それは、基本的に子どもを相手にしているからだろう。りんご農家も、りんごの悪口ではなく、どうしたら自分がりんごの気持ちを受け止めて育てられるだろうか、と思っているに違いない。

育てるとは

育てることは、子どもの潜在力を伸ばすことだと言われる。子どもの力を信じることだとも言われる。それは、医者の世界でも同じようだ。お医者さんは、元々人が持っている自然な治癒力を援助するのであり、医者が直すのではないと言われる。その意味では、りんご農家、学校教員、医者も、同じであろう。ある時、胃腸の調子が悪く、かかりつけのお医者さんに行った。どうも調子が悪くて、と言うと、そうですかと言って、腹部を押さえながら診断した。私が、どうも食欲がなくて、と言ったら、別に無理に食べる必要はないよ、それはお腹が、もうこれ以上ほしくないから、入れないでほしいというメッセージなのだよ、体の調子は、私たちに語っているので、それをキャッチして、医者は対応するのだよ、と言った。

それを聞いて、その通りだと思った。子どもの声を聞いて、親も学校の教師も、どうしたらいいかを考えているわけで、それはメッセージなのだ。無理に曲げることを考える前に、何のメッセージかを推し量ることだろう。そして自力で前に進めるように、アドバイスを与えることである。薬は、その自然治癒力を支援するものだという言葉も、同じである。

教育を語る

人は誰でも、教育を語ることができる。それは、かつて自分が学校で経験したことがあるからだということも、うなずける。それと同時に、どの職場も、ミカンを育てる、製品を育てる、コンピュータのプログラムを作ってソフトという製品を育てる、部下を育てる、お客を育てる、などのように、何かを育てている。官僚と話していると、学ぶことが多い。どうしたら、この市場が拡大できるだろうか、どうしたら、ＩＣＴを有効に学校で活用できるだろうか、どうしたら大学が生き残れるだろうか、などのように、市場、学校、大学などが、自主的に育っていくことを願っている。

このように思えば、人が仕事をする、生活をすることを通して、対象となるもの、それが果物、製品、患者、子ども、コンピュータソフト、市場、学校など、すべてについて、それらを生かして育てることにつながっている。それは、広い意味では、教育と呼んでいいであろう。誰でも、教育について語ることができるのは、その人が、生きている証拠であり、仕事をしている証拠であり、その生活や仕事で感じたことが、言葉として表現されたからである。それは、仕事の信念でもあり、仕事愛でもあり、生活の信条でもあり、生きていく哲学でもある。だから誰でも、大いに教育を語ればよいのだ。語って、次代の子どもたちに、伝えていけばよい。そして、子どもたちは、私たちを乗り越えて、次代に語っていくだろう。

教師になるためには、いくつかの科目を履修しなければならないが、その中の教職の意義に関する科目は、例えば教師論のような科目名で実施されることが多い。教員養成の科目は、実践を重視しているので、他学部とは異なる性格の科目が多いようだ。

最近では、どの学部も、このような実践を重視する方向に向かっている。現実の世の中で生きる学問や研究をするという方向である。教育も、現場の教壇で、家庭でのしつけにも役立つような科目が重視されるようになった。世の親は、教師の世界は、世間とは少し違う世界、誤解を恐れずに言えば、純粋な世界で生きていることを、理解しておいたほうがよいであろう。

2

なぜ、世間も親も、教育・教育と言うのだろうか？

自分の子どもが学校に通っていれば、教育に関心があるのは当然だが、子どもがいなくても、誰でも教育は大切だと思っている。なぜだろうか。電車の中で他人に迷惑をかけるような子どもがいたら、大人は顔をそむけて、家庭教育ができていないと、内心苦々しく思うだろう。しかし本当に、家庭教育が大切なのか、何か証拠があるのか、厳しくしつければ、子どもが曲がって育つのではないのか、という不安を持つ親も多い。ここでは、基本的な内容を踏まえて、しつけについて考えよう。

電車の光景

日曜日の午後に、子どもたちと親たちのグループを電車の中で見た。行楽の帰りだろうか、何か行事の帰りだろうか、10名くらいのグループがはしゃいでいた。子どもたちは、多分小学生くらいの年齢だろうと思うが、彼らの様子は、少し常識を超えていた。話すと言うより、動きまわり、ふざけ合い、周りの乗客は目に入らないようだ。電車の中というより、運動場か公園かと思うような、周囲をまったく無視した行動に乗客は眉をひそめているが、親たちが何も注意しないので、黙って寝ているふりをして、この時間を耐えて乗り過ごそうとしていた。これが現実の日本の姿なのか、どうして親は子どもに注意をしないのかと、誰も思っているに違いない。親も同じ思いだろう。なぜだろうか、この単純な問いに、今の日本の子どもの教育には答えられないのだ。どうしても不思議である。

私は、見るに見かねて、子どもたちに、電車の中では、皆に迷惑になることをしてはいけない、静かにしなさい、親たちにも、少し子どもたちに注意をしたらどうですか、と言った。それから、ぴたっと、静かになった。しかし、このような行動を起こすには、勇気が要る。これが高校生だったら、注意はできないだろう。

今の日本には、子どもたちに注意をしたり、叱ったりすること、しつけをすることは、止めるべきだという思想がある。そのようなしつけ論が、今流行っているが、誤解を恐れないで書けば、非指示的方法の考えが、影響を与えていると思う。非指示的とは、指示しないで、うなずいて聞くというカウンセリングの方法である。カウンセリングには優れた方法であるが、しつけや子どもの教育のすべてに通じるわけではないと思っている。祖父母や親が伝統的に伝えてきたしつけが、すべて誤っているはずがない。それが崩れてきた。して良いこと、してはいけないことを、きちんと子どもたちに教えること、伝えることは、教育の基本ではないだろうか。このことを、もう一度考えてみよう。

人が人になるとは

人が教育を受けなかったら、どのような人になるかは、有名な野生児の事例がある。1つは、狼に育てられた2人の少女の例である。1920年にインドの狼の巣穴から発見されたと言われるが、カマラとアマラと名付けられた少女たちは、人とはかけ離れた行動で、食事の時は、狼のように四つん這いになって、手を使って食べるのではなく、直接に口を近づけて食べると言う。現在でも、お茶碗に口を近づけて食べると、犬食いだと言って、親から叱られるだろう。犬や狼と人は食べ方が違う。しかし、それは生まれつきではなく、しつけ、教育の成果であることがわかる。２人は夜になると、４つ足で周囲を歩き出すと言う。まるで狼のように遠吠えするようなイメージを呼び起こす。まさに、人の形を借りた動物そのものである。人が２本足で歩くこと、この当たり前のことすら、教育された結果である。歩くこと、食べること、寝ること、話すこと、すべての行動が、生まれてから、周囲の人の教育のおかげで、獲得された。

このように考えると、教育は人になるための条件である。人間は教育によってはじめて人間になると、哲学者のカントは言ったが、誰も納得するであろう。

フランスの森で発見された野生児の例も、よく知られている。少年であったが、音声も限られており、まともな音声がでない。ヒョウーとかの音声は出ても、「あいうえお」のような区切った音声は出ないという。感情の表現がなく、視覚、聴覚、味覚の発達も見られなかったらしい。私たちは、言葉を話すが、それは言葉を覚えたので、かなりの学習の成果であるが、音声そのものが出てこないというのは、言葉以前の問題である。身体的な咽喉部が発達していない。悲しいとか、嬉しいとか、人に生まれつき備わっていると思われるような感情や、聞く、見る、味わうなどの感覚も、未発達であった。つまり、人としての基本的な機能ができておらず、人とはみなされないと言える。

右記のように、歩く、食べる、声を出すなどの動作、感覚、感情など、生まれつき備わっていると思われるような機能さえも、人は、生まれてからの教育によって獲得されたことは、驚くべき事実と言わなければならない。

未成熟の人

人の赤ちゃんは、他の動物の赤ちゃんと比べて、運動機能がはるかに劣っていることが、経験的にもよく知られている。例えば、犬でも猫でも馬でも、誕生してすぐに数時間か数日後には、自力で立ち、自力で歩き、自力で食事をするような、自立した行動ができる。これに対して、人の赤ちゃんは、歩くのは約1年後だから、いかに他の動物に比べて、運動機能が遅れているかがわかる。生まれてからすぐは、まだ目も見えず、母親に抱かれたままで眠っているばかりで、起き上がることも、体を横にすることさえもできない。時々泣き声を上げて、母親に訴えるだけで、自分一人では何もできない無力な存在である。ボルトマンは、これを生理的早産と呼んだ（ボルトマン、人間はどこまで動物か－新しい人間像のために－、岩波新書）。

つまり、人は他の動物に比べて、運動機能が著しく未成熟のままで、生まれてきた。なぜだろうか。それに答えるために、人と他の動物の脳の重さの違いを説明しておこう。大人の体重を70キログラムとして、脳の重さは約１４００グラムと言われるので、約２％程度であるが、他の動物に比べてこの比率はかなり高い。体重に対する脳の比率を脳化指数というが、人を10とすると、チンパンジーが4.3、サルが２、ネズミは0.6などと言われている。赤ちゃんは大人と比べて、はるかに頭が大きく、４頭身程度なので、その大きさも想像できる。脳の重さも、体重の約10％程度と言われる。

いずれにしても、赤ちゃんは、かなり重い脳を持って、生まれてくる。お母さんのお腹にいる間に、脳が発達するが、あまり脳が大きくなりすぎると、産道を通れなくなるので、頭が通れるくらいの時に、出産すると言われている。脳が発達することは、栄養がそこに集中するので、他の器官には十分に行きわたっていない。運動器官は、未成熟のまま生まれてきた。これが、ボルトマンの言う、生理的早産である。

だから、人の赤ちゃんは、頭でっかちで、運動音痴で、生まれてきた。他の動物のように、敏捷な運動はできず、ただ眠っているような無力な生き物として、誕生するのである。しかし、この無力な生き物が、生まれて以降、圧倒的な力を発揮して万物の霊長と呼ばれるのは、言うまでもなく、脳を使うからである。したがって、人は脳を使うことで、存在価値を発揮する。脳を使わない人は、無力な存在にすぎない。だから、人は教育されなければならない、人は学習しなければならない、人は脳を使わなければならない、そうしなければ、人は人でなくなると言った先のカントの言葉通りなのである。

しつけ

では、生まれてから、脳はどのように成長するのだろうか。スキャモンの発育曲線がよく知られているが、他にもいろいろな研究がある。ティミラスの脳の成長曲線は、興味深い（ティミラス、生理学－発育と老化のしくみ、丸善出版）。3～4歳くらいまで脳は急速に発育し、その後は20歳くらいまで発育を続ける。確かに、幼児期に急速に言葉やしぐさなどを覚えることは、経験的に知っている。その中で、幼児が学習する基本は、分けること、区別すること、分類することである。何が良くて何が悪いか、幼児期はまだ未分化である。だから、きちんと教える必要がある。つまり、しつけである。親は、幼児期にきちんと、何が良くて何が悪いかを、子どもに伝えなければならない。かわいい我が子だから、きちんと伝えたい。愛情を持つことと、きちんと教えることは、決して矛盾しない。

先の狼に育てられた少女や、フランスの森で発見された野生児も、その後、教育を受けた。その結果、教育効果が認められたが、その変化は大きくなかったと言われる。つまり、教育には時期があり、その時期をはずすと習得するのに多大の労力がかかるという事実である。小学校の低学年を受け持つ教師は、子どものしつけに頭を痛める。そのほとんどが、家庭でのしつけができていないことから生じている。そこで、どのようにしつけるのかを聞くと、決して妥協しないという。優れた指導力のある小学校教師のほとんどは、このように答える。何が良くて何が悪いかを、小学校に入ってから根気よく教えている。しつけには、いろいろな説があるが、本書では、教える立場を支持している。

プロの小学校教員は、家庭でできないしつけの「つけ」を、学校という場で元に戻している。低学年担当のベテラン教師に聞くと、月曜日の生活指導が大変だと言うが、土日の家庭生活から、学校生活に戻す苦労だという。１週間のサイクルで、しつけの上り下りを繰り返しているのが、現実である。ただし、ベテラン教師と新人教師では、子どもへの接し方、話し方、声かけ、雰囲気などが、違っている。子どもの心を掴みながら、何が良いか、何が悪いかを伝えるには、経験という時間が必要である。

3 今の学校では、なぜ話し合いや議論を重視するのだろうか？

かつての学校の授業のイメージは、子どもたちが静かに聞いている光景であった。かつてというよりも、私たち大人がかってに想像していると言った方がいいかもしれない。子どもは、先生の言うことを聞くことで、勉強ができるという考えを持っているようだ。子ども部屋で勉強している光景も、静かに机に向かって教科書かノートを開いている子どもの姿をイメージする。学習とか勉強などは、静かというイメージが強いようだ。今の学校の授業は、どうだろうか。

分類の授業

子どもの授業参観に行って、活発な授業に出会うと、どこか参観して良かったという気持ちがする。満足感がある。反対に、静かに子どもたちが聞いているだけだと、どこか不安になるし、満足感がない。なぜだろうか。

ある小学校で授業参観をした。黒板に、いろいろな動物の絵が貼ってあって、子どもたちに自由に分類してごらんと先生が言った。具体的に操作するために、各グループに、小さな白板と、紙でできているいろいろな動物がセットになって、配布されていた。その授業が私には印象的だった。なぜ印象的だったかは、私たち参観者にも、同じセットが与えられて、この課題をやってみなさいと言われたからである。動物を見ると、カエル、馬、牛、サンマ、羊、サル、燕、クジラなどであった。さてカエルは両生類だったか、爬虫類だったかと考えているうちに、わからなくなってきた。その内に、こんなに難しい問題をどうして小学校で教えるのだろうかと疑問に思っていたら、やがて子どもたちの答えが返ってきた。

しっぽがある、ない、人より大きい、小さい、色が茶色か、それ以外、羽があるか、ないか、など思ってもみなかった答えが返ってきた。自由に分類しようとは、このことだったのか、その子どもの発想に驚くと同時に、この単元はよくできていると感心した。そして、面白いと感じた。なぜ面白いと感じたのだろうか。それは自分の知らないことに気がついたからであろう。思ってもみなかったことを、子どもたちから教わったからだろう。小学校では、このような授業をしているのかと知った。

このことを始めに指摘したのは、よく知られているソクラテスであった。彼は、真意のほどは知らないが、悪妻を持ったために家にいるのが嫌で、アテネの町によく出ていったという。街角で青年たちに、問答をしたと伝えられる。愛とは何か、正義とか何か、など議論しているうちに、青年たちが、自分がいかに知らないかを、知ったという。汝自身を知れとか、無知の知と言われる。だから、学校で話し合いするとか議論するとかは、このソクラテスの問答法に原型がある。

子どもたちの討論

かつて、お米の生産地である新潟県の小学生と消費地である東京の小学生が、インターネットを使って、討論したことがあった。インターネットが教育に導入され始めた1994年から数年経った頃だと思う。教育テレビでも取り上げられたので、記憶に残っている。

東京の子どもたちは、社会科の授業で有機栽培のことを知り、これまで使っていた農薬が人に大きな危害を起こすことを知った。畑仕事をした人はすぐにわかるように、害虫は植物栽培をする人にとって敵である。せっかく丹精込めて作った野菜やお米が、虫に食べられては、元も子もないことは言うまでもなく、殺虫剤を撒くことは、当然のことであった。しかし、消費者の立場に立つと、身体に害を及ぼす農薬を使ってお米を生産することは、何も知らないでお米を食べる人にとって、危険である。もし、身体に異常が生じて、それが農薬のせいだとしたら、どう責任を取るのだと、インターネットのテレビ会議を使って、議論が白熱した。

結論は出なかったように思うが、生産地である新潟の子どもたちは、消費者である東京の子どもたちの考えや、彼らの怒りも知った。東京の子どもたちは、お米農家の厳しさを知った。お米が害虫に食われては、明日からの生活ができない立場も理解できた。何が正しく、何が誤っているか、単純には結論できないことを知り、議論することで、自分たちの考え方の浅さを知った。

議論するとは、そうか、相手にも言い分があったのだ、自分も考え直す必要がある、自分を知ることだったのかという子どもたちの言葉は、ソクラテスの汝自身を知れ、無知の知、そのものであった。それは、物事を深く理解する方法でもある。

技術と教育

ある時、家内が私に言ったことがある。ぬれないおむつは、どうかと思う、ぬれないおむつは、赤ちゃんには、不快感を持たせないから、おしっこをしても泣かない。ずっと、このおむつをしていると、泣かない赤ちゃんになってしまう。だから、ぬれないおむつは、止めた方がいい。家内が保育所の臨時職員として、勤めていた時のことで、ずいぶん昔のことであった。

なぜ覚えているかというと、その時、ある新聞社主催のシンポジウムがあった。そのシンポジウムの登壇者として、私は400名を超える聴衆者を前にして、技術と教育の在り方について自分の意見を述べる立場にあった。シンポジウムは、司会者の他に、シンポジストと呼ばれる何人かの登壇者がいて、あるテーマについて意見を述べ合うスタイルである。すべての登壇者が同じ意見であったら、シンポジウムはあっと言う間に終わってしまうと同時に、意味がない。そのとおり、ごもっともで、議論にならないから、聴衆者は失望して帰ってしまうであろう。だからシンポジストは、お互いに意見を戦わせなければならない。

この時、運が悪いことに、私が言おうとした意見を、前のシンポジストに言われてしまった。司会者が、いかがですかと言われて、私も前の人も同じように手を挙げたので、同じ内容だったと知った時、頭の中が真っ白になった。どうしようと、必死で考えていたら、ふと私の家内の言葉を思い出した。それは、水中からふっと浮かんできたような感じで、忘れかけた記憶の断片であった。そこで、私は技術と教育の在り方は、泣かない赤ちゃんを作ってはいけないことを例にして、話した。それがきっかけになって、教育と技術の関わりの議論は、深く発展した。

共稼ぎの保護者がいた。母親はくたびれきって、会社から帰宅した。赤ちゃんが、泣いた。どうしても泣き止まない。昼間の仕事の疲れと、人間関係が頭の隅に残って、どうしても気になって、仕方がなかった。会社で働く仕事人と、赤ちゃんの世話をする母親と、家庭を守る主婦の役割が重なって、感情をなかなかコントロールすることが難しかった。自分の分身である赤ちゃんが、かわいくないはずはない。生きがいも幸せも自分が生きている価値も、すべてが、この我が子の存在にあった。それでも、疲れ切った体と心が、なかなか泣き止まない我が子をあやしていると、さらに疲労感を増した。そんな母親が、もしぬれないおむつのおかげで、赤ちゃんが泣かなかったら、安堵感を覚えるだろう。

このように考えると、先の農薬は是か非かという、東京と新潟県の子どもたちの議論と同じように、それぞれの考えに意味があり、議論が深まっていく。シンポジウムも学校の授業も本質は同じようなものではないのか、何が正しいか、何が誤りかという学習も重要だが、どれだけ内容を深めるかという学習も、また重要な意味を持つことも、理解されるだろう。

誤解を恐れずに述べれば、静かに勉強する内容や、正解が決まっている内容を学習する活動は、知識理解を目標とし、正解が決まっていない内容や、議論などで深めていく活動を、問題解決とか課題解決と呼ぶ。今日の教育では、その両方を重視して、教育を実施しているが、それは、学習指導要領に明記されている。

4

学校の校訓や学級の目標など、なぜ、どの学校でも同じようで、なぜ、大切なのだろうか？

宝塚歌劇団の標語は、「清く、正しく、美しく」と言われるが、すべての学校にも同じような標語が、教室の黒板の上などの目立つ場所に掲げられている。これは学校目標と呼ばれる。場合によって、クラスごとの学級目標もある。業種が異なる企業であれば違って当然であるが、同じ学校なので似たような目標を掲げているのだろうか。あるいは、文科省から指導があるのだろうか、考えてみよう。

学校目標

私の住んでいる地域の中学校の教育目標は、「心豊かな生徒、自ら学ぶ生徒、たくましい生徒」である。私は、この中学校の学校評議員をさせてもらっているので、いつもこの学校目標を教室や校長室で見ている。しかし、どの学校でも同じような標語や学校目標や校訓がある。校訓は、もっと短く覚えやすい標語的で、先の宝塚歌劇団のような短い言葉が多い。伝統的な高等学校であれば、質実剛健とか文武両道とか学校が設立された時代を感じさせる言葉もあるが、意味するところは似ていることが多い。

どの学校も似ているということは、本質的に学校は何を目指すかは、時代や社会の変化に関わらず、変わらないとも言える。しかし、国の教育理念は、時代や社会の変化に応じて変わっている。現在の日本の教育理念は、「生きる力」である。これは、先の標語や校訓に相当するものである。しかし、これだけでは分かりにくいので、3つの目標として、「確かな学力、豊かな心、健やかな体」と表現していることは、よく知られている。この目標は、先の中学校の教育目標とよく似ていることに気づく。これは、教育の目指すところは、どこでもいつでも変わらないからであろう。

教育理念は、端的に趣旨を表すために、短く表現するので、その言葉は、時代によって変わる。「生きる力」より以前では、「新しい学力観」であったり、「ゆとりと充実」

であったり、時代と共に移り変わっていく。その変遷を述べるには、紙幅が不足しているので、省略するが。標語的に言われる教育理念は、時代や社会の変化によって変わるが、教育の目標は変わらないと言っても、いいだろう。

その教育目標は、先の「確かな学力、豊かな心、健やかな体」で表される意味で、端的には、知・徳・体と言われる。これも、よく知られている通りで、知性を高め、心を磨き、体を鍛えることとは、与謝野鉄幹の、友を選べば書を読みて、の歌詞にも、伝統的な高等学校の校訓にも、同じような意味が含まれている。では、これはどこかに明記されているのだろうか。そして、それを参照して学校は決めたのだろうか。あるいは、自然に発生したのだろうか。

どこに書いてあるのか

直接には、学習指導要領に記載されている。学習指導要領は、文科省がいくつかの審議会の議論の元で決めるものであるが、告示なので法的な拘束力を持つ。単に参考にする基準ではない。つまり学校は、この内容を踏まえて授業をしなければならない。例えば、かけ算の基本は小学校2年生からと書かれているので、多くの学校は九九を勉強し、大中小などの漢字は小学校1年生で、春夏秋冬は小学校2年生で、と書かれているので、この学習指導要領、つまり学習の法的ガイドラインにしたがって、授業を行っている。その学習指導要領に、「生きる力」と書いてあり、「人間として調和のとれた育成」と書かれている。つまり、調和とは、知・徳・体のことである。それは、この学習指導要領の上位の法令である、教育基本法や学校教育法の規定を受けている。教育基本法の第1条で、「教育は、人格の完成を目指し」と書き、第2条で、「幅広い知識と教養を身に付け、豊かな情操と道徳心を培うとともに、健やかな身体を養うこと」と明記されている。

このように、教育基本法、学校教育法、学習指導要領などの法令や告示で規定されていて、学校でも知・徳・体の教育目標の学校目標を掲げていると言える。このように、法的に規定されていることが理由なのだろうか。誰も、そうではないと思っているのではないだろうか。教育は、何も学校だけの専売特許ではない。家庭にも家訓があったり家庭教育をしたり、企業には社訓があり企業内教育を実施している。このように考えると、教育の目標は、もっと普遍的で人が人であるための目標であり、その意味では哲学的であり理念的だと言えよう。学校教育目標は、この意味で与えられたものというより、根源的にあるべき姿を目指した目標と言える。とすれば、教育の目標は、およそ共通しており、知・徳・体の人格形成を目指すことになるのだろう。

目標を掲げることの効果はあるのか

問題は、そのような美辞麗句や徳目のような標語が、本当に役立つのか、意味があるのかという問いであろう。いつも子どもたちに説教をしている教師が、本当に尊敬できるのか、言葉だけでごまかしているのではないか、という疑問は誰でも持つ。この問いの答えは難しい。

私が大学院生を指導していた時、4月の最初のゼミで、精神訓話と称する話をゼミの学生にしていた。精神訓話という言葉は私が名付けたのではなく、学生達が自然にそう呼ぶようになった。修士課程1年でゼミに所属すると、博士課程3年生なら5年間いることになり、毎年同じような訓話を5回も聞かされるのは嫌だろうと思って、今年は止めるかと博士課程の学生によく相談した。

博士課程の学生は、あれは止めてはいけない、是非やってほしいと、誰もが言った。それは社交辞令ではなく、本当にそのように思っていることは、大学教員になった彼らが、「実は、毎年4月に先生と同じような精神訓話をやっています。学部生の卒業研究のゼミなので、学生の研究対象も興味も違いますが、やはり必要だと感じていきます。どうしてかと明確に理由は言えないのですが、何か一本背骨が通らない、なんとなく研究室がきちんとしない、というような感じです」と言うからである。特に、大学院生を指導する立場の教員になった弟子たちは、あれは必須だと言う。

私の精神訓話と称している内容は、特に言うほどのことでもないが、例えば、「研究をするには、寝ても覚めても考えよ」とか、「1日研究を忘れると、1週間元に戻れない、1週間研究を忘れると、1カ月か半年元に戻れない、1カ月研究をしないと研究者でなくなる」とか、「研究をして、どんな方法であっても必ず目標にたどり着けるので、楽天的に考えよ」など、私自身が学生時代に研究指導の先生から教えられたこともあり、自分の経験則で言うこともある。しかし、この訓話を言うとき、博士課程の学生たちは嬉しそうな表情をし、修士課程の学生たちは目を輝かせている。だから、訓話は効果があると、私自身は断言できる。他の研究室のことは知らないし、家訓や社訓も知らないが、研究室の運営には、欠かせないと思っている。

学級ではどうしているか

学校では、目標とか規則などは、よく張り紙をする文化がある。教室の黒板や壁、廊下の壁、階段の段など、目につきやすいところに、張り紙がある。私たちのような訪問者は、これらの張り紙がよく目に入る

だから、言うべきことはきちんと言わなければいけない。言葉は、いい加減では伝

わらない。張り紙が斜めになっているだけで、いい加減な気持ちを代弁しているようで、適当でいいのだというメッセージを伝えているようなものである。その意味で、形式を伴っていなければ、言葉や目標は、子どもたちには伝わらない。学校には、いくつかの行事がある。入学式から始まって、卒業式に至るまで、いくつかの儀礼的な行事がある。体育祭や文化祭などのような子どもたち主体の行事もある。そこでは、規律を重んじる。この規律が、学校の文化を支えていると言ってよい。

家庭でも、この目標や形式を子どもに伝える必要があるのではないか。正月元旦でもよい、何かの記念日でもよい、年に一度くらい改まって家訓や生き方を家族に言ったらどうだろうか。効果があると思う。保護者は、自分の生き方を子どもたちに伝えることがあってもよい。学級とは家庭と同じだからである。

親は我が子をかわいく思うのは、言うまでもない。家族の一人であり、生まれた時の有難さ、幼児期のあどけない表情を見て、ふっと思う幸せ感は、社会での厳しい現実を忘れさせてくれる存在だから、宝のような気持ちになるのは、山上憶良の短歌を持ち出すまでもなく、子を持つ親は誰でも感じている。それは、血を分けた肉親だからという理由はわかるが、学校の教員も同じような経験をしている。

私も研究会に出かけて、先生方の発表を聞く機会も多い。研究会にもいろいろあって、大学や企業の研究者の集まりもあれば、小中学校の先生がたの現場実践の研究発表もある。小学校の先生方の発表は、特に興味深く、研究者の集まりの発表とはまるで異なる。レベルの問題ではなく、子どものとらえ方が異なることが多い。研究者は、子どもも対象化してなるべく客観的に見ようとする、いろいろな要素を多面から分析し、結論を得ようとする傾向がある。それは科学研究だと思えば、納得するであろう。客観的に、論理的に、追及するのが、研究の手法だからである。

小学校の先生方の発表のすごさは、そこに子どもの特性、まるで、母親か父親のような、やさしさと責任感をもって、一言で言えば、溢れるような愛情をもって、子どもたちに接しているので、客観的事実だけでなく、子どもの中に入って発表することが多い。それが、参加者の気持ちを動かす。子どもが、このような作品を作ったとか、このような表現をしたとか、素晴らしい頑張りを見せてくれたとか、文字通り、教室における母親であり、父親である。だから、このような経験をして、自分は涙が出てしかたがなかった、というような表現をすることもある。

このように考えると、教師の子どもに対する態度や接し方は、家庭での母親や父親と本質的に変わらないような気がする。盲目的な愛情を持つ母親がいるが、教師にはそのような特性を持つ人はいないようだが、基本は同じ精神構造を持っていると思われる。その意味で、子どもを叱るのも、ほめるのも、励ますのも、教育目標に照らして、人間として、してよいこと、いけないことを、指導する気持ちから生じている。世の親は、教師も自分たちと同じ感覚を持っているのだと、理解してもらうことが大切だと思う。

5 なぜ、親も教師も、子どもの将来に期待するのだろうか？

どの親も、自分の子どもが幸せになることを願っている。この子は、将来は、お医者さんになってもらいたい、弁護士になってほしい、と願いをかけるのは、当たり前であって、そもそもそのような希望を持たなければ、勉強する意欲もわかないであろう。教育の世界では、基本的に子どもの可能性に期待する。そうでなければ、教師という仕事が成立しないし、教育の否定につながるからである。現実にはどうであろうか、子どもに、我が子に、将来の期待をして育てることは、いいことなのか、いけないことなのか、この項目では、このことを考えよう。

遺伝と環境

子どもを持つ親は、よく嘆く。特に、自分の子どもの成績や行動などが気になると、必ずと言って良いほど、他人のせいにすることが多い。「こんな算数の成績じゃ、中学に入ったとき、困るよ、今度の担任の先生は、道徳が専門だというから、算数や理科などの理系の科目は、指導が下手なのだと思う、できれば、隣のクラスのような先生に受け持ってもらいたかった」とか、「どうもこの頃、子どもの様子がおかしい、勉強部屋は散らかっているし、遊んでばかりで、勉強に身がはいっていないようだ、どうも、あの子と一緒に付き合うようになって、変わった、あの子のせいで、自分の子どもが変わったのだ」という会話もよく聞かれる。

一方、教師は、「あの母親は、授業参観の時、隣の母親としゃべってばかり、教室でスマホを触ってばかり、あの子の母親を見れば、子どもの算数の点数も行動のおかしさも、納得できる、母親の教育が先だ」と嘆く。

このように、自分の子どもの成績や素行などは、すべて他人のせいにするのは、環境説であり、あの親にして、この子どもあり、と主張する考えは、遺伝説と呼ばれる。幼稚園児の運動会を見た。我が子の走る姿に、親はカメラを向けて、その姿を写真に撮ったり、ビデオに撮ったりするのは、どこでも見られる光景である。このくらいの年齢を持つ親は、今幸せの頂点にいるのではないだろうかと、ふと思うことがある。どの親も我が子の成長に目を細め、微笑んで、そして頑張る我が子の姿に、涙を浮かべる。勝っても負けても、子どもの一生懸命さが、親の心を打つのは、どこの世界でも同じであろう。その幼稚園児が走る姿は、たぶん走り方の指導を受けた結果ではないだろう。生まれながらの走る姿が、目の前に展開されている。走りが早い子は、足の上げ方、手の振り方など、さすがに速そうだと思え、走りが遅い子は、見た目にも、その違いがよくわかる。運動神経は、確かに素質や遺伝が作用しているようだ。

ダンス、太鼓の演奏などは、かなりの練習を積んでいるので、その練習の効果が表れているが、それでも、子どもの資質も現れる。ダンスをするときの、あの手ぶりは、いかにも生まれ持った素質だなと思われる時もあり、太鼓のたたき方は、このクラスはよく練習を積んでいて、全員の拍子が揃っていると思うこともあるので、結局、遺伝的な要素もあり、環境的な要素もあるようだ。

ゲゼルという心理学者が、遺伝説で有名であり、準備性（レディネス）という考えを提唱した。ある行動や学習ができるためには、その準備ができていなければならない、という考えで、例えば幼児の運動などを見ると、よくわかる。生まれてからすぐに歩き始めることは決してなく、首をあげる、物をつかむ、お座りできる、ハイハイができる、歩くなどの行動は、このような順序が、どの子どもにもある。つまり、ある行動ができるには、その前にできていなければならない行動、準備が必要だというわけである。これは、誰にも遺伝的に備わったもので、それが発達していくという考えである。

一方、ワトソンが環境説として有名で、私に12人の赤ちゃんをあずけてくれれば、医者にも弁護士にも芸術家にも、泥棒にでも、育てることができる、と豪語したと伝えられる。このことは、子どもは与えられた環境で、どのようにでもなれると言うに等しいので、世の親にとって、希望の光のような言葉で、自分は医者になれなかったが、この子は是非、という思いは、ワトソンによれば、かなえられる。しかし、現実は、そのようにはいかず、遺伝説も環境説も、両方が関わって、子どもは発達するという輻輳説が有力で、誰でもうなずくであろう。

予備校の教育

大学入試センター試験が、都内の予備校で行われたことがあった。当時、大学や学校は荒れた時代だった。荒れたとは、高校生が教師に暴力をふるう、中学生が教室の窓ガラスを割る、大学生が私語をしたり、居眠りをしたりするような光景が、普通に見られた。そのような時に、センター試験の会場である予備校に行った。

びっくりしたのは、教室のきれいさであった。黒板がきれいで、チョークがきちんと配置してあり、隅々まで行き届いていた。予備校の担当者がいたので、聞いてみたら、普段も同じだという。教室の席は、前から埋まる、私語はなく、もちろん居眠りもない、教師の朗々とした声が響く、冗談を言った時は、大笑いをして教室がドッとわく、など、理想の教室だという。予備校に勤めた経験はないが、そんな環境で授業をしてみたいと思ったことがある。

今の高校生や大学生は、かつての荒れた時代とは違う。真面目な学生が多いが、何か覇気がなく、食いつくような目で授業を受けているわけではない。そこには、予備校生と大きな差がある。当時の高校生と予備校生は、まるで別人のような違いがあると予想される。環境や意識が変わると、人は、たちまち変わるのではないだろうか。それは、環境説を支持している。

また、大人になって振り返ると、いろいろな経験を経て、知恵や知識を蓄えて、成功する人もいるし、逆に逆風にあって、こんなはずではなかったのにと嘆き、嘆息する人もいるだろう。同窓会に行くと、そのような人生模様を見ることが多い。あれだけ才能があったのに、現在の境遇は、という人もいれば、学校にいた時は、まるで目立たなかったが、社会に出て大活躍している人もいる。したがって、環境や経験が、その人の人生を大きく作用するとも言えるし、やはり、あの才能を持っていたから、その人柄だから、という遺伝説もうなずける。つまり、環境説も遺伝説も、その後にどう生きたのか、どう育てたのか、どのような経験をしたのかで、才能や遺伝がいかに開花するかで決まると考えた方が良さそうだ。つまり、遺伝と環境の相互作用で、発達する、成長する、という輻輳説に落ち着きそうだ。いかに子どもの持ち味を、才能を、特性を活かすか、それが教育であろう。

環境を変える

ずいぶん昔の思い出である。バンコク日本人学校を訪問した。当時、2000人もの児童生徒が在籍していたから、超大規模校であった。校長先生に案内されて、教室を回わった。近代的な鉄筋校舎の階段を上って、3階に行くと、周りの風景がよく見えた。校舎の周りは、濃い緑の樹木でおおわれていた。そして、校庭の向こう側に、池があって、何か小舟のような姿があった。昔のことなので、記憶違いかもしれないが、緑一色の木々、ゆったりとした池、池の周りに見える人家、真っ青な大空、それは、南国そのものの光景であった。

そんな自然一色の中に校庭があって、子どもたちが動いていた。生徒の声が聞こえた。それは、どうも掛け声か号令のような、一段と高く大きな声が聞こえ、その声に従って、生徒集団が動いているようだ。その光景を見て、校長先生が私に話してくれた。

「あの号令をかけている生徒は、日本では問題児でね、窓ガラスを割ったり、先生に食ってかかったり、授業の妨害をしたり、という生徒でしたが、父親の仕事の関係で、このバンコク日本人学校に転校してきた子です。1年前に来た頃は、授業も身に付かない様子でしたが、あの子は、運動会の応援リーダーになってから、急速に変わりました。本来の気質というか、親分肌のようなところがあって、集団をまとめるのが、うまかった。それで、自信をつけたのでしょうね。今では、この学校のホープです」と言われたとき、人は環境によって、見事に変わるという事実を知った。

バンコク日本人学校の運動会は、日本の運動会と深さが違う。この地域に住む日本人が、おばあちゃんも、おじいちゃんも、二世の人も、運動会にやってくる。そこに、日本を見るのだ。遠く離れた祖国を思い出し、自分が日本人であることを、確認する行事なのだ。だから、その応援リーダーになることは、大変に名誉なことで、その応援合戦で優勝すると、まるでヒーローのような扱いを受けるという。先の生徒は、その応援合戦で優勝したリーダーだった。それ以来、すべてのことに積極的になった。今年も運動会が近付いて、校庭でその練習をしていたのだ。

この生徒は、まるで水を得た魚のように、生き生きと動いていた。これまでは、その素質を生かせなかった。バンコク日本人学校に来て、自分を生かせる場があった。環境が、その子どもの素質を引き出したのだ。素質と環境が相互作用しながら、人は成長するという典型のような例である。

だから環境を変えて、その子の素質を引き出すことも、良い方法ではないだろうか。どうしても子どもがうまくいかない時、しつけができない時、勉強しない時、友達関係が難しくなった時、思い切って環境を変えてみることも、1つの方法かもしれない。なかなか学校を変えることは難しいが、塾を変える、勉強部屋を変える、テーブルを変える、部屋のカーテンを変える、子どもへの接し方を変える、などいろいろな方法を思いつくだろう。

要するに、子どもの本来に備わっている素質や能力を発揮するように、引き出せるように、こちらを変えるのだ。教師も同じような試みをしている。教室の壁の張り紙を変える、掃除の仕方を工夫する、授業の仕方を変える、挨拶の仕方を変える、子どもの役割を変える、などいろいろな工夫がある。そして、子どもたちが十分に素質を発揮しやすいように、指導している。

6
なぜ、教師は学習指導案を重視するのだろうか？

読者の皆さんは、学習指導案をご存知だろうか。普段の授業ではあまり書かないが、研究授業とか、授業を外部の人に見せるとか、保護者の方に授業公開するなどの時に、ほとんどの教師は、学習指導案を作成する。授業公開などでは、教室の前に机があって、その上に学習指導案が置かれていて、自由に取ることができるようになっている。どのような意味があるのだろうか、それを考えたい。

授業という生き物

授業は生きている。と言っても、あまりピンとこないし、当たり前ではないかという声が聞こえてきそうである。もし読者の皆さんが、教壇に立ったとしたら、あるいは、今日1日でいいので、このクラスの指導をしてください、と言われたら、どうするだろうか。中学校ならなんとなくイメージがわかるが、小学校はとても難しい気がするのではないだろうか。それは私自身が、そんな印象を持つからである。中学校や高等学校では、教科書があって、それを教壇に立って話し、黒板にポイントを書く、時々に写真などを見せる、という中学校や高等学校の経験を思い出すので、なんとかなるという気持ちが起きるだろう。ところが、小学校では全教科を教える、朝の会、帰りの会、給食、その間に、小テストの採点など、とても一人ではできないようなイメージを持つ。

このように、小学校と中・高等学校では、仕組みも考え方も違うのだが、それは、学級担任制か教科担任制かの違いによる。学級担任制は、文字通り教諭が学級担任なので、教科内容を教える教科指導も、学校での生活の仕方などの生活指導も、ある学級を担任すると、すべて任されることになる。教科担任制では、ある教科を専門に教えるので、その教科を教えてよろしいという教科の免許が必要で、教科指導を主に行うという違いがある。したがって、数学や理科などは、過去の経験があるので、なんとなく、自分でも勉強すればできるのではないかという印象を持つのであろう。

小学校では、1日中、同じクラスで子どもたちと生活を共にするので、まるで家族のような雰囲気を持つが、もちろん教科指導が主要な仕事であることに変わりがない。教科書があり、教材があっても、どう指導していいかは、計画がないとできないことは、言うまでもない。その計画が、学習指導案と呼ばれる。

教える順序

読者の皆さんが、小学生に世界の国旗を英語で教えるとしたら、どのような計画を立てるだろうか、考えていただきたい。これは、実際に小学校で行っている授業であるが、まず、世界の国旗と言っても、多くの種類があって、それをすべて英語で話しましょうと言っても、とても無理で頭を抱えてしまう。そこで、日の丸だったら、最も簡単で、真ん中に赤い丸がある国旗で通じるだろう。アメリカ合衆国だったら、左上に四角形があって、中に星が描かれている、その他は、7本の赤い横線が描いてあるので、かなり複雑になる。フィンランドは簡単で、白地に青色の十文字が描いてあるなど、いろいろな特徴がある。

このように、子どもたちに教える内容を分析することから始まる。すると、そこにいくつかの共通の特徴を抽出することができる。1つは、赤、青、黄色などの色、右、左、中、上、下などの位置、また、四角形、円形、三角形、星型、月型、十字型などの形状、数字などである。これらを組み合わせれば、国旗を表現できる。例を持ち出すまでもなく、誰でも、国旗の特徴を述べることができる。

そこで、実際の授業では、色、位置、形、形状、そして数字などを、英語で学習する。次が、2つを組み合わせて、英語で言う、さらに実際の国旗を見て、英語で言うなどの学習を行っていたが、興味深い授業である。最後は、世界の国旗を描いたカラー刷りの教材を用いて、2人ペアで、一人が英語で話し、もう一人が、その国旗を当てるというゲームにして、教室が盛り上がって、授業は終了した。

なるほど、これなら小学生でも興味を持って授業に入っていけるな、と感じるであろう。ここで、少し注釈をすれば、国旗の特徴を言い表すためには、色、位置、形、数字などが英語で言えなければならない。これは、基礎・基本と呼ばれる。学習指導では、どの教科でも、基礎基本を大切にしている。それは、土台のような役割だからであるが、その土台という意味は、すぐに理解していただけるであろう。その組み合わせによって、国旗を表現するとなれば、それは応用になる。さらに、ゲーム的な要素を入れることによって、子どもたちに興味を持たせて、授業を展開するので、そのためには、学習指導案という計画書が必要になる。

子どもが相手

当たり前ながら、小学校では、まだ知的発達が十分にできていない子どもが対象になる。高校生くらいなら、大人に近いため、生徒の考えを教師が推測できるので、教え方も自分が納得できるような方法で、学習指導案を書くことができる。

前に述べたように、小学校は学級担任制なので、1日中、学校生活を共にする。そこで、教師は、子どもの個性や特性を知っていく。この子は、元気がいいので、クラスが少し落ち込んでも、この子が引っ張ってくれる、この子はおとなしいが芯がしっかりしているので、掃除当番などをさせると、うまくいく、この子は、他の子どもと違って、発想が豊かで、突拍子もない考えを言うので、授業で考えが行き詰ったら、この子に助けてもらおう、など、子どもの個性や特性に応じて、学習指導案を作ることになる。明示的に、このような指導の方法は書けないが、教師の頭の中では、このように計画を立てる。しかし、実際の授業では、計画通りいかないことは、言うまでもない。

子どもは、まだ知識が未分化で、大人とは違う発想をする。ビーカーに水を入れて、下からアルコールランプで温めると、泡が立つ。下から上に向かって、泡が動くと、ある子どもは、熱いから上に行くのだよ、ある子どもは、軽いから上に行くのだ、など、子どもらしい発想が起きる。この発想が素晴らしい。そして、子どもから疑問が起きる。この泡の中は、どうなっているのだろうという、疑問である。授業を参観すると、面白い考えに会って、特に子どもの考えには、教わることが多い。泡の中には、水がある、空気がある、水の粒だ、などの答えが出て議論が活性化する。考えてみれば、難しいではないか、空気なら、どこから来たのだろうか、と議論百出するが、そこが小学校の授業の面白さなのであろう。

このように考えると、何かを教えるというよりも、どう考えるか、子どもがどう判断するか、それをどう伝えるか、などの、子ども自身が考えることに重心をおいている。したがって、先の英語で国旗を話そう、という単元を分析して、この順番で指導するという計画を立てても、それは学習指導案の骨格であって、実際の授業では、思わぬ考えが飛び出し、ぶつかり合い、考え、議論し、ある結果に到達するという流れになっている。この考え方のぶつけ合いのほうが、知識を伝達するよりも、学習効果が高いことは、言うまでもない。教師は、そこをどう計画するかに、頭を痛めるのであり、そこに教師の専門性が問われる。

教師の専門性とは

教師の専門性と述べたが、それは、むしろ経験知と呼んだほうが的確である。教科の内容については、中学校や高等学校の教師の方が、教科専門の免許が与えられているので、より深く知っている。それは、その教科の専門書を読む、教師自身がテーマを持って研究をするなどによって、より深く知ることができる。

先に述べた小学校の場合は、どうであろうか。教科専門というよりも、どのように授業で子どもたちに深く考えさせるか、深い思考に導くか、に重点を置くので、その指導に専門性が問われる。子どもの考えに、教師がどう応えるか、対応するかで、その後の思考に影響を与えることは想像できる。それは多くの場合、経験で得られる。

算数で立方体の展開図の授業を参観したことがある。立方体とはサイコロと同じで、これを展開したら、どんな図になるだろうかという問いで、大人であっても難しい。想像してもらえば、その難しさはすぐにわかるだろう。そしてこの展開図は正解、この展開図は間違いなどの規則を導き出し、最後にまとめるのである。これを教えるのではなく、子どもたち自身が話したり、実際に展開図を描いたりという活動の中で、知識を獲得していくのである。

その指導は、展開図の仕組みを教えるより、はるかに難しい。子どもの考えをどう引き出し、どう応えるか、そのやり取りが、子どもの思考に微妙に影響を与える。アッ、そうかという声が出る場合と、うーん、とまだ納得できない場合があって、授業の終わりに、子どもがしっくりこないと、展開図と聞いただけで、嫌だと思う子どもが出てくる。読者の皆さんも、同じような経験をされていると思う。その後、大人になっても、図形の問題は苦手だと思う人も多いので、子どもと教師の問いかけや応え方のやりとりは、オーバーに言えば、その子にとって極めて大きな出来事と言わざるを得ない。ドナルド・ショーンという哲学者は、それを教育的瞬間と呼んだ。教師は、この瞬間を生きる専門家だと言ったが、まさにその通りであろう。

教師の一言が、子どもの人生を決めることすらある。しかも、それがどの子どもにも、瞬間の連続の中で生じている。私が勤めた大学のゼミの学生が、教育実習に行った。ゼミの教員は、実習校を訪問して、学生の研究授業を参観することになっている。小学校の理科の授業で、試験管やビーカーを各グループの代表に、渡していた。そして、その時間は、どう実験を行うかの計画を立てる授業だった。

終わってからの意見交換の時間で、その学生は、今日はまずかった、あの子に試験管やビーカーを渡すときの会話がまずかった、それは、その後の、あの子の態度を見ると、よくわかった、と言ったので、驚くと同時に、子どもに接することの難しさ、その瞬間の大切さや重みについて、改めて学んだ。

読者の皆さんも、そのような経験がおありだろう。あの時のあの教師の一言で、歴史が嫌いになった、物理が嫌になった、逆にあの一言で、自分は救われた、今の仕事は、あの時の教師の影響だった、などと、誰でも述懐するだろう。つまり、教師は瞬間に生きているのである。その瞬間の言動が、子どもに影響を与える。場合によって、その後の人生を良くもし、悪くもする。このように考えると、教師とは高い専門性を持った職業だと言える。ドナルド・ショーンの考え方は、ここでは詳しく述べないが、教師の専門性について、大きな影響を与えた。読者の皆さんにも、子どもへの接し方について、参考になると思う。

7 なぜ、ドリルが必要なのだろうか？

特に小学生などは、家庭で、よくドリルを使って勉強している。本屋さんで学習参考書のコーナーに行くと、ドリル練習帳とかドリルノートなどの本が山積みされている。年配の人が小学生の時代も、言われてみれば、かなりの昔から現在までも、ドリルは家庭学習や自己学習の王座にある。どうしてそれほど人気が高いのか、また学習効果はあるのか、このような問いを考えてみよう。

計算ドリルの仕組み

テレビのコマーシャルなどでも、公文式はよく見かける。特に算数・数学のドリルは、世界中に広がっているようだ。この公文式に限らず、一般にドリルは、どのような仕組みで作られているのだろうか。一言で言えば、積み上げ方式である。積み上げとは、積み木を見れば、わかる。土台になるブロックがあって、その上に別のブロックを積み上げる、それを続けていくのが、積み木という作業であるが、上のブロックが下のブロックより大きいか、はみ出すと、重心がずれて、落ちてしまう。だから、重心がずれないように、積み上げていくのであるが、下の、つまり土台となるブロックの形が小さいか、いびつであると、安定性が崩れて、上に乗せることが難しくなる。このように、積み木が成功するには、土台と上に乗せるブロックの関係がかみ合っている必要がある。

計算ドリルを考えてみよう。例えば、分数の割り算では、下のブロックとして、分数の掛け算、分数の逆数の理解と計算が必要で、そのためには、さらに下のブロックとして、分数の足し算や引き算、分母と分子などの理解と計算が必要になる。つまり、ブロックが積みあがる。もし、分数の足し算や引き算が十分に理解され計算できなければ、それは、ブロックが不安定で上に乗せると、崩れやすいことになる。そのためには、十分に理解し計算できるようにするために、ドリルで練習する必要が生じる。

スポーツの練習と同じで、1回やってできたから、その後はすべてできる、というわけにはいかない。そこが、人間とコンピュータの違うところである。コンピュータは一度覚えたら、その後は決して間違えない。コンピュータプログラムは、人が作るが、人間のすることなので、決して間違えないというプログラムはできないので、実行してみて、誤りがあれば、修正するという手順をとる。

この修正のことを、デバッグというが、一度デバッグしたら、コンピュータは決して、その誤りを犯すことはない。しかし、人間は、同じ誤りを何度も繰り返す。だから、繰り返して練習して、まるで体が覚えているかのように、習得することが求められる。九九などが良い例で、反射的に答えが出てくる。このように、積み木のブロックのように、土台となるブロックをしっかりと安定させるために、ドリルで練習する。そして、その積みあがったブロックが、さらにその上に乗せるブロックの土台になる、という繰り返しで、できあがっていく。

アンダーソンとチィの考え

アンダーソンという人は、基礎の理解ができて問題が解けると言った。しごく当たり前の納得しやすい考えである。基礎の理解ができていないのに、問題が解けるわけはないので、誰でもそのように思っている。小学校の授業を参観すると、教師は実にわかりやすく説明し、子どもたちに質問をし、結論に導くスタイルが一般的である。そして理解しているかどうかを確認するために、問題を解く。そして、自分の勘違いや理解不足などをチェックして、わからなければ、先生に聞いて理解を深める。自分のどこに理解不足があるのか、どこに穴があいているのか、その穴を埋めるために、問題を解くという作業を行う。そのためには、始めに十分に内容を理解していることが必須である。

例えば、車の運転では、エンジン、ハンドル、ブレーキ、ウインカーなどの基本的な仕組みと機能を理解して、映像などのシミュレーションをして、実際の運転をする。

このように、基礎を十分に習得して、応用に入ることは、当たり前であり、誰も納得するであろう。

ところが、別の考えもある。チィという認知心理学者の論文が面白い。この論文では、物理の問題を解く学生がどのように思考しているかを詳細に記録して、分析した。以前に、このようなプロトコル分析と呼ばれる研究法が、流行した。人は頭の中でどのように思考しているのかを知りたいと、誰でも思う。最も素朴な方法が、このプロトコル分析法である。この論文では、物理の法則について説明書を読んだり、教師から教えてもらったりしても、なかなか納得していない、そして応用問題に出会うと、その法則が使えないなど、興味深い知見を述べている。この結果は、他の研究でもよく指摘されているので、誰でも了解できる。面白いと表現したのは、そのような知見ではなく、理屈や理論がわからなくても、何度も練習問題を解くことで、納得できる、本質を理解できることを、指摘したことである。

これまで、私たちが考えてきたのは、子どもたちが、自分の頭で考え、疑問を持って考えをぶつけあい、共有し合って、そうだそのとおりだと納得して理解できるので、他の問題に応用できるということであった。理解しないで問題に出会っても、それは答えを見るだけの機械的な学習になって、子どもが納得するには至らない、それは塾で練習問題や入試問題を解く学習方法と変わらない、パターンを覚えるだけだと考えていたと言ってもよいであろう。だから、チィの研究は意表を突くような論文であった。しかし、この論文はよく読まれて、よく引用されるので、その指摘には意味があると言える。

考えてみると、私たちも、意味もわからず学習や仕事をしている場合がある。後になって、その意味に気付くことも、経験している。例えば、コンピュータのプログラミングである。始めは、いくつかの変数などの定義を読むが、読んでもその時はそうだろうと思っても、後で思い出さない、というよりも、なぜこのような定義をするのかを納得していないので、定義の意味はわかっても、つまり言葉上ではわかっても、本当には理解していないという経験をしている。

実際の練習問題に出会って、わからないが、ともかくプログラムを書いている内に、そうかとうなずく経験を誰でもしている。それは、問題に出会って、解くという行為を通して見えてくる、あるいはプログラムを書くという動作に伴って、その過程が、自分に教えてくれるというイメージと言ってもよい。つまり人は、納得して、わかって、問題を解くのではなく、納得していないが、よくわからないなと思いながらも、問題という本質を含んでいる相手に出会って、それに関わることで、問題のほうから本質を自分に投げかけてくれるような過程ではないかと、言える。

この意味で言えば、ドリルソフトで学習している子どもは、機械的ではなく、頭の中ではめまぐるしく、どうしてだろうとドリルソフトと対話しているのではないだろうか。

練習すること

基礎を十分に習得して応用問題を解くという、アンダーソンの考えに、異論はない。

同時に、基礎を十分に理解していなくても、習得していなくても、問題にぶつかることで、基礎の意味を理解するという、チィの考えも魅力的である。そのどちらも、問題を解くという練習をしなければならない。この練習を怠ると、どちらの説も成立しない。子を持つ親には、子どもに繰り返し練習する経験をさせてほしい。

小学生の時代は、よく習い事をする、ピアノ、水泳、そろばん、英会話、塾など、いろいろな習い事に通うことが多い。それには、意味がある。ほとんどが、練習だからである。ピアノも水泳も、そろばんも、理解してもあまり意味がなく、練習に練習を重ねて、ようやくできるようになる。できるようになるまで、練習しなければならない。3足す7は10だが、3でも4でも、どんな数字でも、足して10になる組み合わせは、即答できるようにならなければ、算数は上達しない。考えているようでは、計算ができるようにならない。これが、自動化と呼ばれる。

練習を積むと、何も意識しないでも、できるようになる。車の運転はよく例に挙げられるが、始めは、エンジンをかけて、次にウインカーを出して、さらに左右を見て、アクセルを踏んで、というように、意識して運転をするが、慣れてくると、鼻歌を歌いながらでも、運転できる。自動化されたからである。自動化までいかないと、運転できますとは、言えない。

自動化できるまでは、子どもの頭の中はめまぐるしく動いている。こうだろうか、ああだろうか、と思いながら、試行錯誤をしているが、やがて自動化されて、そのこと自身は、当たり前であって、自然な操作に思えてくる。緊張ばかりしていた車の運転、両手で弾けるようになったピアノ、25メートルを泳げるようになったクロールや平泳ぎ、聞き取れるようになった英会話など、どこかで自動化のレベルに達する。それまで練習しなければならない。車の運転でも、どうして鼻歌でもできるようになったのか、スキーでもいつ滑れるようになったのか、日本語がどうして自由に話せるようになったのか、逆上がりがどうしてできるようになったのか、説明のしようがない。それが自動化である。子どもには、このような経験をさせたい。

自動化ができていないと、大きくなっても、苦手だという意識を持つ。例えば、高校生で分数の計算が苦手だという生徒も、かなりいる。最近では大学生であっても、基礎学力が不足しているので、入学後に補習教育（リメディアル教育）をする大学も少なくない。練習不足や、理解できなかったので、そのまま放置していたのであるが、そのつけを、高校や大学で補っている。その補習教育は難しいかというと、そうではない。単に練習不足だけの場合が多い。そうだったのか、と言いながら、昔を取り戻している。子どもの頃に、練習を軽く考えないで、ドリルを徹底して実施するとよい。

8 算数の文章題が難しいのは、なぜだろうか、どうしたらいいのだろうか？

うちの子は、ドリルはやっているのでよくできるのだが、応用問題、特に算数の文章問題になると、さっぱりできないので困っているのよ、と嘆く親は多い。親だけでなく、小学校の教師も、そのように話すことが多い。算数のドリルと文章問題はどこが違うのだろうか、何が問題なのだろうか、どうしたらできるようになるだろうか、このような身近な疑問を考えてみよう。

フィンランド

ひと昔前、フィンランドが、世界の教育界で注目された。その理由は、15歳を対象にした国際学力調査であるＰＩＳＡ（ＯＥＣＤ生徒の学習到達度調査）で、常にトップの成績を誇ったからである。フィンランドと言えば、北欧に位置し、クリスマスのサンタクロースが有名だが、ＰＩＳＡ以前は、それほど世界の注目を集めた国ではなかった。したがって、どうしてフィンランドか、という驚きがあった。当時、「フィンランド詣で」と言われるくらい、教育関係者が訪問した。アジア諸国の学力は高いが、多くの国では、それは受験学力だと言われていた。近年ＰＩＳＡで好成績を上げている、中国の上海、韓国、台湾、シンガポールなどは、猛烈な受験競争で、子どもたちは試験に向けて、必死の勉強をし、塾に通うことが、通常の光景だった。日本だけは例外で、それほどの激しい受験は見られない。大学は選ばなければ、全員受け入れてもらえることを思えば、高校も大学も、受験に対しては、アジア諸国に比べて緩やかである。しかし、フィンランドは、もっと緩やかな教育国であった。

中国などは、例えば、朝7時から夕方5時まで、小学校でも授業がある。もちろん、地域差はあるが、一般的に、学校での授業時間数はきわめて多い。よく子どもたちは耐えているなと、感心することがある。日本も、かつて、追いつけ・追い越せの時代には、このような受験を中心にした学校であった。しかし今は、自由である。その自由な雰囲気がある学校が、フィンランドである。

私が訪問したフィンランドの小学校でも中学校でも、放課後の部活動はないので、午後3時か4時には、教員も帰宅する様子であった。子どもは、帰宅して何をするのだと聞いたら、図書館で調べものをしたり、自宅で読書をしたり、テレビを見たり、演劇の練習をしたり、という何かアジアとは別の世界のようなイメージだった。教員も自由に知識を広げているようで、自宅でも勉強しているような印象があった。それは、ある意味で、理想の教育環境という印象だった。つまり、学校だけが職場で、帰宅するのは体を休めるという、日本の教師の感覚とまるで異なっていた。中学校で部活動の担当をしている教師は、文字通り、土日は休まない、休めない。練習があり、試合があり、子どもたちと常に一緒になって指導しているが、それは、日本の昔からの教師像であった。アジア諸国の教育のイメージは、ほぼ似たような光景ではないだろうか。しかし、フィンランドの教員は、まるで異なっていた。週に半分くらい研究室に行って講義やゼミをし、半分は自宅で仕事をしたり研究をしたりする、大学教員の生活に近い。それで、好成績を上げるなら、理想の教育ではないか、と誰も思ったのである。

フィンランドメソッド

最近のＰＩＳＡの結果は、上海、シンガポール、日本、韓国、台湾などのアジア諸国の成績が良く、かつてほどフィンランドは注目されなくなった。しかし、教育立国の冠にふさわしい国であり、世界の教育界の尊敬を集めていると言ってよいだろう。それは、受験で猛勉強させれば、ＰＩＳＡに限らず、成績は向上するだろうと推測できるので、韓国や台湾などのような受験国にしたくないという気持ちが働くからである。それは、モデルにならない。フィンランドは、前に述べたように、勉強時間は多くなく、自由な環境の中で学習しているので、どのような勉強法をしているのかが気になる。その１つに、フィンランドメソッドがある。

多くの方法が紹介されているので、ここでは、１つだけ取り上げよう。算数の文章題の問題である。

「オッリは3日間かけて、パラッス山の山道を自転車で115km走りました。オッリが月曜日に走った距離は35km、火曜日に走った距離は48kmです。では、水曜日に走った距離は、どのくらいですか。」

小学生の問題なので、簡単であるが、教科書には、以下のような設問がある。

① この問題は、何を聞いているかな。
② この文章で、問題を解くために必要なことは、何かな。
③ この文章で、問題を解くために必要でないことは、何かな。
④ どうやって問題を解けばいいのかな。

このように、設問のすべてを、言葉で言わせるか文章で書かせるか、で回答させている。言われてみれば、何を聞いているのか、解くために必要なことと、必要でないことを区別することは、重要である。文章の中身を聞いているのである。この文章の中の、オッリ、パラッス山、月曜日などの名前などは、必要でないことであるが、このように、区別することから始まる。そして、数字を使って問題の答えを出す前に、どうやって解くかを言葉で言うことは、きわめて大切だと、誰も納得するだろう。

なんだ、このような簡単なことなのか、と思うかもしれないが、大人であっても、自分の専門でないことや知識が不足していることは、区別さえできない。美術系の大学の教員に聞いたことがある。入試で、学生が描いた絵を見て質問するが、数分あれば、合格か不合格か、すぐにわかるという。2名の教員が審査するが、ほとんど一致するので、問題はない、という話を聞いたことがある。素人の私には、さっぱりわからない。すべてが同じように見えるからである。区別がつかないのである。

俳句を作って、俳句のプロが審査するテレビ番組がある。視聴率も高いようで、私も楽しみに見ているが、正直に言うと、この句が上位で、別の句が下位なのか、理由がわからない。そのわからない点を、どうしてかと理由を述べるので、その解説が面白いので視聴している。専門家にとっては、先の美術系の大学の入試のように、きわめて明らかに違いがわかるのであるが、素人には、まったく同じで区別がつかない。

音楽にしても、事情はまったく同じである。最近の若い人たちが好む音楽は、年配者にとっては、雑音にしか聞こえない、もっと言えば、歌なのか、単なる朗読なのか、大声を出しているだけなのか、としか聞こえない。区別がつかないのである。

ある理工系の大学院を出た若い人が、就職して配属された部署が、無機化学だった。ふさぎ込んでいたので、どうしたのだと聞くと、自分の専門は有機化学だった、無機化学はまったく専門外なので、苦痛なので気持ちが晴れない、と言った。私にとって、それは信じられないような言葉で、無機化学も有機化学も、同じ化学じゃないか、まったく同じだよ、と言ったら、とんでもない、それは大違いだと言って、私に丁寧に説明をしてくれたが、私には、馬の耳に念仏のような感じだった。本人にとっては大事件かもしれないが、素人にとっては、どうでもよいことである。それは、区別できないからであろう。話がそれるが、企業では、博士課程で学んだ学生を採用しない傾向が強いと聞く。それは、専門的になりすぎて、融通がきかない、先に述べたような違いが見えすぎて、自分には向かないと思う学生が多いからであろう。

いずれにしても、文章題は、まず必要なことと必要でないことを区別することから、始まる。それは、すべての学習の基礎と言ってもよいだろう。そして、言葉で、どう解くかを言わせたり、書かせたりすることは、数字で解く前に、頭の中で、どのように論理的に考えているか、という証拠になる。確かに、フィンランドメッソドは、よく考えられているようだ。

ドリルと文章題

ドリルの意義については先に述べたが、算数の文章題は、このようにまず区別することから始まる。区別できることは違いがわかることであるが、それは初心者と専門家の違いでもあると、述べた。コーヒーの違いが分かる人、ワインの違いが分かる人となれば、よほどのプロであろう。音楽の指揮者が、楽器の奏でる音色を聞き分けて、演奏を指揮するのは、まるで神業のような気がする。名人とでも呼びたいレベルに達しているのであろう。このように考えると、区別できることは、学習の基本であると同時に、きわめて深く、これで終わりという限界はないような気がする。

ドリルでは練習することが必須だと述べた。体が覚えるように、脳が即座に反応するような自動化のレベルに達しないと、習得できないことも述べた。文章題は、どうだろうか。すこしニュアンスが違うようだ。と言っても、練習を否定するのではない。何度もチャレンジすることは、どのような問題であっても、必要だろう。しかし、文章題の場合は、その前に、文章題の意味を理解する必要がある。フィンランドメソッドのように、何が必要で、何が必要でないか、どうすれば解けるのか、それを言葉で話すか、文章で書くかが大切である。しかし、それは何を子どもたちに、求めているのだろうか。

かつて、ブルーナーという学者が、教科の構造とか転移という提案をして、教育界を席巻したことがある。ここで詳細に述べる紙幅はないが、文章題を解くときのヒントになる考え方である。例えば、先の算数の文章題を考えていただきたい。3日間で走った距離があって、2日間で走った距離がわかっていて、残りの1日で走った距離を求める問題だというように、必要な内容だけを抽出して、全体の距離から、2日間の距離を引く、という方法を見出すことと、理解できる。この道筋が見えた時、分かった、と子どもは思うだろう。その分かったという納得の気持ちは、余分な情報は捨てて、必要な情報だけを取り出して、そこに含まれている、情報の関係を分析して、解く道筋を見出したからであろう。道筋が見えた時、それは、その文章題の姿が見えたとも言えるし、隠されていたものが、ふっと目の前に浮かんできたとも言える。ブルーナーは、少し文脈は異なるが、それを構造と呼んだ。確かに、その文章題の構造が見えたのである。

今日は朝寝坊したので、学校に走っていった、の文章を読めば、誰でもわかるが、今日は朝寝坊したので、学校にゆっくり歩いていった、の文章は、誰も納得しない。朝寝坊と、ゆっくり歩くという、言葉の関係がどうしてもつじつまが合わないからである。その関係とは、納得できるかどうかは、正しくは、論理的かどうかであろう。論理的な表現ならば、誰も受け入れる。誰も、と書いたが、その論理を受け入れる知識があるという条件が必要である。2歳の幼児が、うどんは長いから食べない、という表現は、あまり倫理的でないが、小学校6年生が、勉強ができる美代ちゃんがスマホを持っているから買って、という表現は、親も説得されるような論理性を持っている。自分がほしいから買って、というよりも、より説得力がある。

いずれにしても、文章題を解くには、その内容、情報の間の関係、その関係は論理的なつながりが必要で、そのつながりを見出した時、つまり文章題の構造が見えた時、分かった、解ける、ということになる。だから、子どもが文章題を解くときには、その構造を探っていると言ってよい。これは、算数の文章題に限らず、すべての教科に横たわっているので、ブルーナーは、教科の構造と呼んだ。それは、ドリルの学習とは、ニュアンスが異なることは、読者の皆さんは理解されるであろう。さらに、類似の構造を持っていれば、その考えや解き方は、他にも応用できると、ブルーナーは言った。

学習の転移という意味である。

算数の文章題をいくつか解いて、あっ、この問題は、前に解いた問題と同じじゃないか、と言う子どもがいたら、その同じという意味は、構造が同じという意味である。だったらできる、と子どもは思うだろう。つまり学習は転移するのである。では、どのようにすれば、構造を見出すことができるのだろうか。詳細は述べないが、教師は、そこを工夫して指導している。優れた教材は、それを示唆できる。例えば、可視化である。可視化とは、目に見えるようにすることである。先の算数の問題で言えば、図や表や線分を使って、頭の中だけで行っていた操作を、紙に表してみれば、そうか、と気づきやすい。しかし、現実的には、問題を解いて分かったから、すぐに別の問題に転移可能かというと言えば、そう簡単ではなく、何度も解く経験が必要であろう。練習は、やはり大切な学習なのである。

9 なぜ、学校の教師は、先生と呼ばれるのだろうか？

学校の教師が、なぜ先生と呼ばれるのだろうか、たぶん多くの読者の皆さんは、考えたことも想像したこともなかったであろう。昔から、学校の先生は先生に決まっているじゃないか、今さら何を言うのだ、と叱責の声が聞こえてきそうである。先生と呼ばれる人たちは、何も学校の教師に限らない。政治家、医者、弁護士など、どこか尊敬に値する人を、先生と呼んできた。その学校以外の先生と、学校の先生は、どこが違うのだろうか、そのことを考えてみよう。

学校の先生

私は、理系の大学教員の定年を1年残して、私立大学の教育学部の教員になった。理系の大学と教育学部の文化は違う。私自身は、若い頃に高等学校の教員の経験があったので、教育学部の文化にはなじみやすかった。古巣に戻ったようななつかしさがあった。多くの学生は、教員を目指して入学してくる。彼らが小中高等学校時代を過ごして、どこか学校の先生という仕事にあこがれを持って入学したに違いないから、私たちと学生たちは、共通の価値観や共通の感じ方を持っていた。入学式に新入生を見る光景は、小学校から大学まで同じである。桜の花が最も美しい季節、どの学生も希望に胸を膨らませている姿、子どもの晴れ姿を写真に撮っている親の光景、そのどれをとっても、晴れやかで、暖かで、微笑みが似合う場面である。

どの大学でも、オリエンテーションがある。学部や学科毎に、新入生を前にして、学部長・学科長・専攻長などが、これからの学生生活について話をするが、その中に、心構えのような訓話めいた内容が、含まれる。例えば、「先生って、なんだと思う? そう、先に生まれた人だね、だから、君たちより年上と言ってもいい。それから、先ず、生きる、とも読める。先生だって人間だから、生活しなければならない、とも言える。また、先んじて、生きる、とも読める。こうなると、生き方の見本のような意味になる。君たちは、教育学部に入って、将来、どのような先生になりたいのだろうか」などと話す。そして、自分の学生時代のことなどを回顧して、有意義な４年間にしてほしいと、締めくくる。考えてみれば、確かにいろいろな意味が含まれているようだ。

先生の思い出

読者の皆さんも、学生時代に、なつかしい学校の思い出があるだろう。子どもたちには、多くの楽しい思い出を残してやりたい。新聞で読んだことがあるが、「私は学校時代をなつかしいとか、楽しいとか思いません。いじめに、あったからです。思い出したくないのです」と投書欄に書かれていて、いかに、いじめが、子どもたちの心を傷つけているかを、知った。

私は、大学の講義の中で、これまでの学校生活の中で、想い出に残る授業について書かせたり、発表させたりする活動をしたことがある。実に多くの思い出を、学生たちは語った。その多くは、教師の学習指導の仕方、人としての接し方、えこひいきをしない、など、一言で言えば、教師の人間性に関係する内容が多かった。先の先生の定義で言えば、先んじて生きる、という見方が多かった。

ある学生は、こう述懐した。小学校で、そのクラスの先生は、毎朝、子どもたちに、今日の天気について、数行程度の文章を書かせることを、日課にしていた。今日は、晴れだった、では、1行も埋まらない、どのように晴れていたのか、書かなければならない、心がワクワクするような晴れなのか、秋空のように空が高く見えるような晴れなのか、どこか雲がかかっていて、薄日のような太陽光が校庭に差し込んでいるような晴れなのか、じっと観察しなければならない。それが日課となると、いろいろな表現をしなければならない。時々、先生は、子どもたちの文章を取り上げて、読んだ。他の子どもは、このように表現しているのかなど、たかが天気だけと思っていたら、とんでもなく深い表現法だと気がついた。

それから、登校の途中、よく空や木や風景を観察するようになった、どのように表現したらうまく伝わるか、じっと想像するようになった。やがて、自分の気持ちや生活の仕方が、天気の見方にも表れることに気がついた。嫌な思いがあるとき、嫌な文章でつづられていた。楽しく弾むような気持で登校する時、天気の表現も、そのような気持ちが出てきた。それがきっかけで、もっと勉強したいと思って、大学は国語の専攻にしたと言う。大学の専攻を決めるときも、将来国語の先生になろうと決める時も、その小学校の先生に相談した。どこかに、この先生なら、自分の気持ちを分かってくれる、安心して気持ちを言うことができる、と感じたからに違いない。先んじて生きる見本を、その先生に見たのである。

別の学生は、次のように語った。「私の通った中学校は、掃除活動に熱心でした。そして、その掃除は黙ってするのです。黙って掃除ができるのか不安でしたが、やってみるとできるのですね。たぶん、掃除をさぼらないように、掃除が遊びにならないように、黙ってさせる方針だったのかもしれません。ある時、冬休みに入る前の大掃除でした。この大掃除の時は、いろいろな指示があるので、先生も掛け声を出していましたが、教室の拭き掃除をする時、先生も雑巾がけをしていました。この学校では、先生自身が掃除をするのです。掛け声だけ出して、監督をしているだけではありません。自分の前に先生がいて、黙って雑巾がけをしていると、なにか先生と気持ちが通じるような気がしました。冬休み前の大掃除の季節、よく晴れて気温がぐっと下がる季節、その寒い日に雑巾がけをしていると、黙っていても、寒さを共有しているせいか、先生もクラスの皆も同じだなとか、先生も私たちのことを見ていてくれているのだなとか、何か伝わるものが多くありました。コミュニケーションは、言葉だけではないことを学びました」と言った。言葉で表現しないということで、文字通り教師の背中で、言葉以上のことを、子どもたちに伝えていたのだ。これも、教師が見本となって指導する姿と言える。

別の学生、その学生は帰国子女だったが、親の仕事の関係で、ニューヨークで小中学校を過ごした。２人姉妹で、現地の学校に通った。どのように英語を勉強したのか知らないが、現地の子どもたちと一緒に学校生活を楽しんでいた。冬休みに入る前、先生から宿題が出された。その宿題は、何か物を売りなさいとか、サービスしなさいとか、ボランティア活動のような内容だった。

2人は、ホットドッグを作って町で売ろうと話し合った。大きいサイズと小さいサイズの2種類を用意して、街頭に出た。ニューヨークの冬は、昼間であっても寒い。人々はマフラーを肩にして、通り過ぎていく。ビル風が容赦なく吹き込む通りに立って、ホットドッグを売った、というより、始めは声が出なかったので、立っているだけだった。誰も、振り向きもせず、通り過ぎていくだけだった。ようやく、声が出るようになったが、ホットドッグは売れなかった。そして、まさか子どもがホットドッグを売るとは、誰も思っていないのだろう、と気がついて、これが学校の宿題だと訴えたら、持ってきたホットドッグがすべて売れた。ふと見ると、両親が1ブロック離れたビルの横で、心配そうに見守っていた。この時、アメリカの先生の意図が、少しわかった。生活することの厳しさや、売れた時の喜びや、両親の愛情など、多くのことを知ったという。

危険だという声もあるかもしれないが、学生から、この話を聞いて、アメリカらしい教育の仕方に触れたような気がした。生きていくこと、生活すること、その意味を、小さい時から経験させる試みだったかもしれない。それは、厳しいながらも、優れた教育だろう。先生は、このように子どもを指導する存在である。

逆に、先生の指導の仕方に、反感をもつ生徒達もいる。高等学校の時、進路指導の先生に相談していたら、「お前は、これから、伸びん」と言われて、それ以来教師不信になった、という。どのような文脈で言った言葉かは知らないが、先生の一言が、生徒を傷つけることもある。

いじめ・不登校の問題で、学校の姿勢や教員の生徒に対する姿勢や言動が、ニュースなどで、非難されることがある。このように考えると、教師の言動は、考えている以上に、大きな影響を子どもたちに与えていることがわかる。

反省的実践家

先に述べたように、小学校の頃の先生の思い出は、二十四の瞳の大石先生のように、やさしい、愛情豊かな、教師像である。中学校では、テレビ番組の金八先生のように、教育愛に燃えた先生のイメージがある。高等学校では、物理や数学、古典や漢文など、教科の専門家というイメージがあって、少し近寄りがたい。大学は、教授と呼ばれ、教育者よりも研究者に近いイメージがある。これまでも、学校の教師に対しては、さまざまな議論がなされてきた。清貧で正しく生きるイメージの聖職者、教師も生活する存在だという労働者、現在では、1966年にユネスコが、教師の地位に関する勧告、の中で出した、専門職が一般的に認められている。

しかし、医者や弁護士、建築家などの専門家と、少し違うような気がすることも、事実である。医者は、病気を治してくれる、弁護士は法律をよく勉強して、難問の事件を解決する、建築家は見事な建築を設計する、など一般の人とは、その専門性が違う印象を受ける。その道の専門家なら、その分野のことをよく知っていて、何でも答えるし、解決してくれるような信頼性が元にある。学校の先生はどうだろうか、いじめや不登校は、いつまでもなくならず、高等学校なら、教科の専門性は信頼できるが、小中学校では、何が専門なのか、よくわからない、という世間の声がある。ユネスコの勧告にある専門性とは、何だろうか、この問いに答えた人は、60ページでも述べた、哲学者のドナルド・ショーンであった。

ドナルド・ショーンは、学校の教師の専門性は、反省的実践家にあると述べた。反省的とは何か、自分の言動を反省することではなく、振り返ると言った方が、わかりやすい。教育では、省察という用語が使われることが多いが、教師は、授業や子どもたちとの会話を通して、自分の言動を振り返り、そこから実践を通してでしか得られない知識や知恵を吸収する。したがって、それらは実践知であり、明示的に表現できない暗黙的な知であることも多い。例えば、次のような文章を紹介しよう（赤堀侃司（著）「授業デザインの方法と実際」高陵社）。

「いきなりウサギについて紹介文を書くことは1年生にとっては、難しいことである。国語科の学習に入る前に生活科の学習の一環としてウサギと触れ合う時間を多く持ったことは、大変有意義であった」の文章に、この加藤和子先生の実践知が含まれている。小学1年生に、ウサギを見て紹介文を書くことは難しく、ウサギと触れ合うという体験がなければ、文章化できなのだと、述べている。小さい子どもは、言葉だけを勉強して、それをつなげて文章に書けるのではない、と述べている。親は、このような知識がないから、子どもの指導が難しい。触れるとか、見るとか、言葉をかけるとか、体験を通すことが大切だと述べている。そして、それを実践の場で指導している。小さい子どもに体験が必要なことは、頭の中では知っており理解しているが、教師に求められることは、理屈よりも実践なのである。知っていることと実践できることは、天と地ほどの違いがある。

「こんなにウサギが学校にいるんだよ、ということを家の人に知らせたいという意識を、児童に持たせることができた。その思いを持つことで書く目的意識をしっかり持たせることができたのは大変良かった」と述べている。書くことは、単に言葉を並べることではなく、特に児童期には、書きたいとか、知らせたいとかの、子どもの気持ちや意識が大切なことは、なんとなくわかっているが、それを実践することは難しい。この気持ちや意識を子どもに持たせることができるように、子どもに声掛けをしているのである。子どもは目的意識を持つと、やる気が出てくる、それは大人でも、通用する知恵と言ってもよいだろう。しかし、それを実行することは、並大抵ではなく、それが難しくて、部下や同僚との仕事の上で、障害になっていることは、誰でも経験しているだろう。

「写真を使うことによって五感を使ってウサギと触れ合うことをより詳しく思い出させることができ、いきいきとした文章を書かせることができた。また、文章を書くときにウサギの一部分を写真で選ばせることによって、書く内容が限定され、「1つの段落に1つの内容」を書くということを指導することができた」と述べているが、いかに優れた実践をしているかが、読み取れる。ウサギと触れ合った体験、ふわふわした肌触り、愛くるしい目を、写真でもう一度見て、その時の体験を思い出す。その時には、子どもたちは、ウサギに触れた感触まで、脳に浮かび上がってくるだろう。そして、複数の写真が提示されて、子どもたちが、ウサギの耳、目、肌、手足などの写真を選ぶことによって、それぞれに感じたことを、そこに集中して書き、それらをつなぎ合わせることで、子どもたちに文章として完成させる指導に、私は感嘆する、としか表現できない。それは、専門家としか言いようがないだろう。

「児童の発達段階、学習段階によって写真と文章の主従関係は行き来するものなので、指導内容に合わせて整理していく必要がある」と、今後の課題に書いている。脳には、文章や計算を受け持つ左脳と、音楽や写真やイメージを受け持つ右脳があると言われているが、その脳の中を行ったり来たりしながら、文章化しているので、指導方法を工夫する必要がある、という考察は、脳科学も視野に入れている。

このように、教師の指導は、実践という場を通して蓄積された知であり、実践の中に宝のような知識や知恵が埋め込まれている。その意味で、ドナルド・ショーンは、教師を反省的実践家と呼んだ。また、この反省的実践家に対比する意味で、それ以外の専門家を技術的実践家と呼んでいる。

法律家、医者、建築家など、多くの専門家がいて、彼らももちろん実践をしている。

医者を例にすれば、医学や薬学など多くの知識を持って、患者さんに処方をしている。患者さんに接することは実践であるので学校教員と同じであるが、医者は背景に文献や専門書、講義から学んだ知識を持って、その知識の延長上に実践がある。その知識も、科学的な実験を行って得られた知見を基に、薬や処方を実施している。つまり、科学的な研究知見、手術などの技術、患者さんの診断や処方という実践が積みあがっているので、土台のしっかりした強固な建造物に近い。

しかし、教師の実践知には、科学的な知見に基づくというよりも、実践そのものに埋め込まれている知識や知恵を、省察や反省などの振り返りによって、その意味や知恵に気付くことで、積み上げる。このように、ドナルド・ショーンは、自分の実践を絶えず振り返り、60ページで述べたように、教育的瞬間を意思決定しながら生きている教師のような専門家を反省的実践家と呼び、科学的知見に基づいて、薬の調合や手術などの技術を磨く専門家を技術的実践家と呼んで、区別した。いずれも専門家であることに間違いない。

10
今日の学校では、校長、教頭、教諭以外にも主幹教諭などの先生がいるが、なぜだろうか？

かつて私たちが学んだ学校では、校長先生と教頭先生の２人がいて、後は全員同じ先生、正しくは、教諭であった。その他に、保健室の先生、図書室の先生、事務職員、用務員さんなどがいたが、なんとなく学校は、校長と教頭が管理職で、後はほとんどが教諭、つまり先生で構成されていると、思っていたのではないだろうか。その学校組織が、変わってきた。それは、なぜだろうか。

小学校のクラス担任

ある小学校の授業参観に行った。その学校は、毎月土曜日に授業公開しているので、私も参観したのだが、あるクラスで異様な光景に出会った。小学校だからクラス担任制で、一人の先生が受け持っているが、総合的な学習の時間で、何人かの親が、子どもをまるで家庭であやすかのように、言い聞かせている。だから、クラスに5人くらいの先生がいて、授業を進めているような光景と考えればよいが、クラス担任の先生は、教室の真ん中で、資料を持って話しているのだが、参観者の私たちには、よく聞き取れないような小さな声だった。その他の先生役は、今日参観にきた、そのクラスの子どもたちの親のようで、席に着くようにとか、騒がないようにとか、抱きかかえるようにして、クラス担任の補助をしていたが、学級崩壊とか学級の荒れとは、このような光景なのかと、はじめて知った。子どもたちは、教室を歩く、隣同士で話す、中には資料を額に貼って動くなど、幼児に戻ったような印象で、とても授業とは言えない。いたたまれなくなって、私は、その教室を出た。

そのクラス担任は、いかにつらいだろうかと、察した。授業公開で子どもたちの親に、授業を見てもらう、いわばお披露目のような時間で、親の力を借りないと、子どもたちを引っ張っていくことができない、情けない姿を公開したからである。聞けば、新人教員で、自信がなく、親たちも担任を変えてほしいと願っているらしい。学級の雰囲気や学習成果は、クラス担任の力量に依存することが大きいようだ。もし自分がこのクラス担任で学級崩壊していたら、とても学校に行けない、うつ病になり、不登校教員になるだろうと思った。そのようなつらい状態にどうしてなるのか、力量がない、と言えば、その通りだが、子どもたちとコミュニケーションができていない、子どもたちと会話が成立していない、クラスのルールがない、先生はどこか頼りなく、一言で言えば、リーダーシップがない、ということになろう。

ベテランの教師は、そこが違うことは、読者の皆さんは、すぐに納得するであろう。クラスの統率が取れているのである。しっかりとしたルールが全員の子どもたちに、いきわたっている。それが強制ではなく、自然であり、自主的に行動できている、と言える。その荒れたクラスと同じ学年に、ベテランの先生がいて、その教室を覗いてみると、まるで雰囲気が違っている。子どもたちが活発で、堂々と自分たちの意見を述べ、帰りの支度の行動も素早い。どうして、このような違いがでてくるのだろうか。

10　今日の学校では、校長、教頭、教諭以外にも主幹教諭などの先生がいるが、なぜだろうか？

役割分担と自主的な活動

クラスの統制はどうしてできるのか、教師のリーダーシップが大きいからか、ルールを決めているからか、厳しくしつけているからか、ルール違反すると罰を与えるからか、いろいろな要因があるだろう。しかし、押し付けるだけでは、うまくいかないことは、大人の社会でも、子どもの社会でも、同じである。リーダーシップとは何か、どんなにスーパーマンであっても、すべて一人ですることはできない。どうしても分担しなければできないことは、明白である。小学校では、よく班に分かれて行動することが多い。班長を決めて、班長の元で、活動をする。班長だけでなく、当たり前であるが、他の子どもたちにも役割がある。子どもたちが、ルールを決め、守り、活動することを前提としているが、それは紛れもなく、自主的な活動である。

優れた学級経営で有名なベテランの先生に聞いたことがある。「学級運営のコツは、特に大げさなことはやっていない。ただ言えることは、自分の代わりの子どもを何人か育てることですね。その子どもたちが、私の代わりに、他の子どもたちをリードしてくれるので、楽にできる。私も時々、他校を訪問したり、講演を頼まれたり、用事が多く、子どもたちの面倒を見る時間が少ないこともあるが、あの同志とでも呼びたい子どもたちがいるお蔭で、安心して学級経営ができるのが、有難いのですよ」と話した。一人では無理で、どうしても、協力者が必要である。

その先生に聞くと、始めは、自分の思い通りにならないことが多い。しかし、時間が経つにつれて、次第に、自分の考えが、子どもたちに伝わっていき、最後には、ちょっとしたしぐさでも、こうしてほしい、こうしたい、というメッセージが伝わるという。

私の経験も同じである。大学院生を、永い間指導してきた。大学院生なので、修士課程と博士課程の学生がいる。私は、ドクターミーティングという、博士課程の学生達と、定例の会議を持った。月1回程度であるが、場合によって、週1回もあるし、数回も続くこともある。会議の内容は、実に様々で、研究費の利用、科研費の分担と経理、コピー機の使い方のルール、修士の研究テーマや遂行の状態、国際会議での発表、研究室のネットワークの管理、自主ゼミの内容、夏合宿の企画、大掃除や懇親会、卒業生の追い出しコンパに至るまで、ほとんど教員がしなければならない仕事を、博士課程の学生と一緒に行うのである。その学生たちが、振り返って、あのドクターミーティングで、いろいろなことを学んだ、自分もあのような研究室の運営をしたい、という。これは、すべて一人ではできないことを意味している。分担し、一緒に話し合って、進めていくのである。それは、文字通り自主的な活動に通じる。

ナベブタからピラミッドへ

学級から学校に目を広げてみよう。学級経営は、学校経営になる。冒頭に述べたように、これまでは、校長と教頭の2人の先生が管理職で、後は教諭という職種制だった。このような制度は、ちょうどナベブタのように、つまみが1つあって、そこに大きなふたが付いていることをイメージして、ナベブタ型と呼ばれる。これを、ピラミッド型にする制度が、2007年の学校教育法の改正であった。この規定では、校長、教頭の他に副校長を追加、教諭の中に、主幹教諭と指導教諭の職種が新たに設けられ、任命することができるようになった。これまででいいのではないか、という声もあるが、現状ではこのように規定された。もちろん、小規模校では、教育委員会が任命しなくてもよい。

問題は、その背景や理由だろう。大学では、どうだろうか。学長、副学長、教授、准教授、講師、助教などの呼び名があるので、一応、ピラミッド型に近いと言えよう。ただ、学部長などは、学校の生徒主任と同じように、大学の制度で設けた役職なので、法的な身分ではない。企業では、どうだろう。社長、副社長、専務取締役、常務取締役、部長、課長、係長、主任などに分かれているのが一般的なので、典型的なピラミッド型と言える。官庁はどうだろうか。事務次官、局長、審議官、総括官、課長、課長補佐、係長、主任などに、分かれているので、ピラミッド型である。このように考えると、学校だけ、かつては校長と教諭という2つの職位だけであったので、完全に異なった職位制度であったことがわかる。

教諭のままで定年を迎えることは、決して珍しくなく、むしろそれが当たり前という感覚があった。また、校長になりたくない、という先生も多い。教職という仕事は、児童生徒に向かう仕事で、そこに喜びや苦労があるので、校長や教頭のように、教諭を相手にする、つまり大人を相手にする仕事は、慣れていないというか、本職ではないという意識がある。生涯現役という言葉は、教員にしてみれば、定年退職後も、何らかの形で、子どもたちを相手に教壇に立つというイメージである。教育委員会の机に座っているという姿ではない。

ある県の総合教育センターに、研修会で訪問した。その時、数十人の高校生が実習だろうか、教育センターで活動をしていた。教育センターの所長さんが、にこにこして、「今日は嬉しいね、高校生の若い声や姿を見ると、センターに来る前の高等学校に戻ったような気がするから」と話してくれた。ある教育委員会の指導主事が、4月から古巣の高等学校に戻ることが決まって、同じように話してくれた。「嬉しいね、やはり現場はいいね。ようやく本職に戻れるから。3年前に教育委員会に配属が決まったとき、これで、ようやく生徒指導から解放される、ありがたいと思っていたが、まったく違っていた。学校というところは、天国のような気がする。生徒指導で、煙草を吸った、喧嘩をした、宿題をやってこなかった、スカートの丈が短かった、など、こんな苦労は嫌だと思っていたが、今思えば何でもないことで、別天地で生活しているようなものだった」と話した。

だから、ピラミッド型のようなスタイルは、なじまないのかもしれない。しかし、学校が変化し始めた。先の学級崩壊のようなクラスの担任は、どうしたらいいのだろうか。教員の世界は、自分のスタイルで授業をし、学級運営をする、つまり自分の世界で仕事ができる。教室に入ると、学級目標が掲げてあるが、それぞれ個性がある。そして自分の考えで、自分の方法で、学級運営をする。だから、学級王国と呼ばれる。外の世界を知らない、と言えるし、自由に運営できるとも言える。小学校では、3年2組と呼ぶよりも、クラス担任の名前を付けた○○学級と呼ぶことが多い。それだけ、担任の個性が発揮できる学級運営ができる仕事と言えよう。

しかし、その運営に変化が生じてきた。それは、先の事例で述べた、学級崩壊のようなクラスだったり、いじめ・不登校の生徒が多くなったり、モンスターペアレントのような保護者のからのクレームが多くなったり、多様な問題が発生してきたからである。もし読者の皆さんが、先の学級崩壊のようなクラス担任だったとしたら、どうだろうか。私だったら、とても耐えられない、うつ病か、不登校になるだろう、と書いた。どうすればいいのだろうか。学級運営が順調な時は、いいだろう。しかし、永い年月には、いろいろな問題が生じる。その時の対応策を考える必要がある。

個から組織へ

先に述べたように、学級王国の言葉が示すように、自分の考えで自由に学級を運営してきた。授業の方法も、いろいろな工夫ができた。それは、ドナルド・ショーンの反省的実践家が示すように、自分を振り返り、自分の技を磨く姿とも言える。もっとわかりやすく言えば、職人技を磨いているのである。職人技とは、個人の技の世界なのである。それが誰にもまねできないレベルに達した時、人は、それを名人芸と呼ぶ。伝統工芸も伝統芸能も、名人芸を目指して、努力してきた。

教師も同じである。現実に、名人のような教師がいる。しかし、先に述べたような、学級崩壊、いじめ・不登校、子どものスマホ利用、保護者のクレームなどは、個人レベルでは対応できない問題ばかりである。実際に、このような社会現象に近い問題が多く起こり、教員の精神疾患の割合は、一般の社会人に比べて、はるかに高い。特に、近年になってその傾向が大きくなり、教員の多忙さと共に、社会問題化されている。このような問題に対して、個だけで解決することは無理で、職人技だけでは乗り切れない状態になったのである。そこで、一般の社会の組織と同じように、企業や官庁と同じようなピラミッド型の組織に変えるようになった。

先の学級崩壊に近いクラス担任の先生は、その後どうなったのだろうか。その先生一人で悩むのではなく、組織として対応すべきだろう。例えば、管理職が教育委員会と相談して、補助教員を付ける、教育学部の大学生の補助を受ける、保護者の支援を受ける、退職した先生を雇うなど、組織として対応するしかなく、個人ではどうにもならないことは、誰も納得するだろう。それが、ナベブタ型からピラミッド型に変えていった。指導教諭はベテラン教員がなるだろうから、いろいろな悩み事を、新人教員は相談すると良い。永い経験からのアドバイスを受けることもできる。先のベテラン教員の事例では、自分の代わりになるようなリーダーの子どもを数人程度育てるとよい、というようなアドバイスを受けることができる。

学校だけが社会とは別の世界ではなく、社会と同じように考える必要が出てきた、とも言える。学校教員や大学教授の世間知らず、と言われることもあるが、今日では、その見方が変わりつつある。社会の大きな波にもまれながら、学校も揺れ動いている。教員も、授業だけしておればよい、名人芸のような技を追求していればよい、学級王国を作ればよい、というわけにいかなくなった。主幹教諭や指導教諭は、管理職と教諭の間にあって、中間管理職のような立場であり、一般社会と同じように、悩むこともあるだろう。学校が、一歩、社会に近づいたとも言える。

11 中学校と高等学校が一緒になった学校や、いろいろな学校が出てきたが、なぜだろうか？

読者の皆さんが通った学校は、小学校、中学校、高等学校などであって、義務教育学校とか中等教育学校などではないであろう。というよりも、これらの学校名を知らない読者も多いであろう。なぜなら、これらの新しい名称は、最近にできた学校だからである。昔から学校の種類は不変であって、まさか変わることはないだろうと考えていたからであるが、その背景は何だろうか。

学校とは何か

中等教育学校という名称は、最近ではよく聞かれるようになって、中学生を持つ親は、かなり知るようになった。しかし、義務教育学校というと、それは何かの間違いだろうと思うほどで、正規の学校ではないような印象を受ける。そもそも正規の学校とは何だろうか、考えてみてほしい。

保育園は学校なのだろうか、幼稚園は学校だろうか、コンピュータや簿記などを教える専門学校は学校なのだろうか、大学予備校はどうだろうかなど、言われてみると自信がないというのが、本音であろう。保育園は学校ではなく、幼稚園は学校である、というと、本当かと思う読者もいるだろう。幼稚園は園だから、学校ではないだろうと思っている読者も多いと思うが、まぎれもなく学校である。その証拠に、幼稚園の先生は、幼稚園教諭と言う。これに対して、保育園の先生は、保育士と呼ぶ。省庁の管轄が違い、幼稚園は文部科学省が、保育園は厚生労働省が管轄している。

保育園は、文字通り子どもたちを保育することがねらいであり、幼稚園は教育することがねらいになっている。だから、幼稚園は、言葉の学習をさせるし、何を教えるのかを明記した教育課程が、幼稚園教育要領と呼ばれ、文科省が作成して告知している。小中高等学校の学習指導要領に相当するものであり、教育の指針になっている。これに対して、保育園は保育、つまり、子どもたちを健やかに育てること、豊かに生活できるようにすること、つまり厚生することと考えてよい。だから、監督官庁が、保育園は厚生労働省、幼稚園は文部科学省になって、区別されている。

コンピュータとか簿記などの専門学校は、学校だろうか、というと正規の学校ではない。ファッションスクールや大学予備校などは各種学校と呼ばれ、正規の学校ではなく、一方で短期大学は、もちろん正規の学校である。このような区別は、どこで規定しているのだろうといえば、学校教育法で決めている。その第一条で決めているので、正規の学校のことを、一条校と呼んでいる。一条校は、幼稚園、小学校、中学校、義務教育学校、高等学校、中等教育学校、特別支援学校、大学および高等専門学校である。なお、大学の中に、短期大学と大学院を含むので、短期大学も一条校に入る。この中に、きちんと幼稚園も、義務教育学校と中等教育学校も、明記されている。

中等教育学校とは

中学校と高等学校が一緒になった学校なので、就学年数は6年間であり、前期の3

年間は中学校の教育課程を、後期の3年間は高等学校の教育課程を学ぶ。小学校と中学校の間には、大きな差があって、中学校と高等学校には、それほど大きな差がないだろうと直感的に思えるので、それが一体となってもあまり違和感はないだろう。現実に、私立学校では、このような学校は多く、校舎も同じなので、中学生と高校生が同じ制服で、通学している光景はよく目にしている。中学生でも体の大きな子どもは、高校生と変わらず、知的発達もそれほど大きなギャップはないだろう。

さらに好都合なのは、教える教員の免許の問題である。中学校も高等学校も、教科の免許で教員資格が与えられる。例えば、中学校で理科を教えるには理科の免許が必要なので、中学校の理科の先生は、その免許を持っている。高等学校では、同じ理科と言っても、生物、物理、化学などに分かれているので、大学で専攻したのは、理科ではなく、物理や生物などを専門に学んできた先生がほとんどである。大学の研究室では、専門分野のゼミを受け、卒業研究も同じ専門分野である。

しかし、高等学校の免許は、物理でも生物でもなく、理科なのである。その理由は、免許は教科に与えられるのであって、科目ではないということである。理科という教科の中に、生物、物理、化学などの科目があるという構成になっている。したがって、物理の先生が生物を教えることは免許上ではできる。現実には、専門分野の知識がないと難しい。しかし、物理の先生が、生物は無理だが、数学は得意なので数学の授業をもっていいかというと、免許がないのでできない。そこで、中等教育学校で、理科の免許、ただし、中学校の理科と高等学校の理科の両方の免許を持てば、前期課程と後期課程の両方の理科の授業を受け持つことができる。他の教科も同様である。

しかし、小学校と中学校の免許は違うので、このように簡単ではないが、これについては、後で述べる。中等教育学校は、中学校や高等学校に比べて、長所は何か、短所は何か、考えてみよう。先に述べたように、理科の先生が、前期課程つまり中学校と、後期課程の高等学校の両方を教えるようになったら、どうだろうか。

中学校では、このような内容だったので、その上に積み重ねるようにして教えるなどの接続性ができやすい。どの教科も、接続性がある、正確には系統性と呼ぶが、積み重ねができるように、教育課程が作られている。このことを述べるには紙面が不足するので、簡単にだけ述べると、ちょうど身体の発達のようなもので、幼稚園児から小学生へ、中学生や高校生へと成長するが、身体そのものの機能は変わっていない。心臓・肝臓などの内臓や、目鼻耳などの顔の形、手足の動きなど、基本的な機能はまったく同じであるが、成長するにつれて、それが拡大しより多様な働きをするようになる。幼稚園児の頃の顔も、高校生になった顔も、基本は同じであるが、より大人びた顔になり、青年らしい表情を見せる。知的発達も似たような段階があり、基本の上に、より深く、より多様に広がっていくのである。だから、中学校で学習した基本的な内容は、高等学校になっても、同じである。同じ考え方に基づいて、さらに高度になっていく。このことを、分化するというが、内容がさらに専門分野に分かれていくが、元の考え方は変わらない。そこで、同じ教員が前期と後期の両方を教えることができれば、より分かりやすく、より理解しやすく、学習指導できる。

また、子どもの側に立てば、中学校から高等学校に進学する時の、入学試験がない。

高校入試という壁がないので、中学校に相当する前期課程では、伸び伸びと学習できる。しかし、これには半面がある。読者の皆さんも、自分の子ども時代を振り返ってみればわかるように、入学試験があるから、期末試験があるから、中間試験があるから、嫌々ながらも勉強する。早く試験が終わらないかと誰でも思うが、その間は苦痛でも、その試験のおかげで学力が身についたのである。

人間は弱い生き物で、何かがないと、自分を鼓舞できない。大人になっても、大勢の前で発表するから、研究発表会があるから、勉強したり研究したりする。オリンピック選手になれば、その晴れの舞台があるから、歯を食いしばって頑張るのが現実だろう。この意味で、試験や発表会などを避けてはいけない。ただし、試験に合格することだけが目標になるので、多くの場合、競争を引き起こし、人間関係を悪くするという欠点もある。中等教育学校は、このように長短を持ちながら、かなり多くの学校が出てきた。現実には、大学進学率の向上などがあって、人気が高いようである。

義務教育学校とは

文字通り、義務教育、つまり小学校と中学校の両方を、一貫して行う学校である。9年間の学校なので、ずいぶん永い期間だと思うであろう。この背景には、子どもの発達についての配慮がある。小学生でも6年生くらいになると、かなり大人びた体や考え方になり、1年生と比べると、相当な差があることは、誰でも感じるであろう。9年間を、6・3制でいいのか、という議論が起きて、9年間の一貫した学校を設置して、その中で、5・4制とか、4・3・2制などに区切ればいいのではないか、などの考えが出てきた。

最も大きなきかっけは、中1ギャップであろう。小学校から中学校に進学するとき、いじめや不登校の子どもが急増するという現象である。小学校と中学校は、基本的に文化が違う。小学校は、先生もやさしく、家族のような雰囲気がある。それは、先生も学級担任制だからである。国語も算数も社会も、すべて担任の先生が受けもつから、先生は子どもたちの隅々まで知っている。この子は、甘えん坊だけど、ほめるとやる気を出す、あの子は、宿題をきちんとやってくるし、他の子どもの面倒も見ている、など、まるで親のように、子どもを見ている。朝8時から下校時間の午後3時くらいまで、お昼の給食時間も一緒に行動しているので、よく見える。

大学でも同じである。理系の大学は、特に大学院は、朝から夜までずっと研究室で一緒という生活、まるで合宿のような雰囲気で、教授と学生たちは過ごす。それは、理系の研究は、二人三脚だからと言えば、わかりやすい。価値を共有しないと、研究ができない。多くを語らなくても、これは面白いね、と言えば、その面白さが、共にわからなければ、つまり共有しなければ、研究が進まないからである。たぶん、小学校の先生と子どもたちも、似たような価値の共有があるだろう。

専門用語では、価値の共有は、認知的徒弟制と呼ばれるが、落語のような伝統芸でも、見よう見まねで、価値観を伝えていく。それには、生活を共にすることが条件であるが、小学校のクラス担任制は、似たような環境を提供している。しかし、教科担任制になると、それが崩れる。教科毎に、教える先生が異なる。他人の家に行ったような違和感を覚えた子どもは、いじめに遭ったり不登校になったりする。中学1年生で不登校が急増する背景は、小学校と中学校の文化ギャップに慣れないからだと言われる。中1ギャップの解消は、いかに中学校の文化に適応するかである。

小学校は、ほめる、やさしく包む、家族のように安心感を与える、試験がない、競争もない、学級担任制、の文化であるが、中学校は、鍛える、自分で行動する、先輩後輩の関係がある、部活動がある、期末や中間試験がある、競争がある、教科担任制、の文化なので、子どもたちは、異文化に適応しなければならない。

家庭に、母親と父親がいるように、両方の文化が、子どもの発達には、必要である。やさしさばかりでは、大人になれない、厳しいばかりでは、子どもは心が休まらない。母親の優しさに、大人になっても、心のよりどころを求め、父親のような厳しさと闘う姿に、憧れと勇気を学び、自分らしさを育てていくのである。母性と父性の両方が、生きていく上に必要なのである。義務教育学校は、小学校から中学校への異文化の橋渡しを、うまく接続できるように考えられた学校と言ってもよい。

ただし、教員の免許の問題は大きい。義務教育学校の教員は、できるだけ小学校と中学校の両方の免許の取得が望まれる。両方の免許を得ることで、両方の文化を知ることになり、子どもの指導において、役立つからである。その他、給食や運動会などの学校行事、管理職や職員会議など、いろいろな制約や議論があるが、ここでは省略しよう。

一貫教育とは

中等教育学校も義務教育学校も、中学校と高等学校、小学校と中学校を一緒にして、一貫して教育するという制度から生まれた学校である。このような一貫教育は、これにとどまらない。保育園と幼稚園の一貫教育が、認定子ども園であり、高等学校と大学の教育を一貫する考えが、高大接続や高大連携である。最近では、幼稚園と小学校を一貫した、幼小連携もある。多様な一貫教育が出てきた。なぜなのだろうか。

一言でいえば、開かれた学校であり、社会に接続する学校教育の在り方の模索だといえる。現在の閉じた学校制度では、多くの教育課題に基本的に対応できないからであろう。いじめ・不登校児童生徒の増加は、はどめがかかっていない。大学生や若者に、元気がなく、海外にも行きたくなく、車の運転免許にも、異性にも興味を持たず、少子化はますます加速され、地方の商店街はシャッター通りとなり、日本はどこに行けばいいのか、誰もが不安になっている。教育は、その元気を与える機関でなくてはならない。そのためには、今の閉じたシステムでは、制度的な疲労を起こしているので、小手先の改革では、問題解決できないという意識がある。小学校だけ、中学校だけ、高等学校だけ、学校だけで考えるのではなく、社会との接続の元で、開かれた学校という位置づけを模索している姿として、一貫教育をとらえる必要があろう。これについては、改めて述べる。

12

いじめと不登校は、最も深刻な問題と言われるが、どうして生じるのだろうか？

小中高校生の子どもをもつ親は、誰でも我が子がいじめに遭わない、不登校にならないように願っている。手塩にかけた子どもが、もしいじめにあったら、相手の子どもにも、その親にも文句を言いたくなるだろう。そしてそれが学校側の対応に原因があるとしたら、校長先生にも教育委員会にも責任を追及したくなるに違いない。不登校になって、自宅に引きこもってしまったら、親は、頭の片隅に常にそれが気にかかって、気が晴れないだろう。この難問について、何かのヒントを探ってみたい。

我が子は友達のせい

先に述べたように、いじめや不登校の問題は、教育の最大の難問である。どの親も、自分の子どもはかわいい。かばいたくなるのは、自然の情であり、相手が悪いと思うのも、うなずける。私の知り合いの人の男の子が、中学生になって、少しおかしくなった。おかしくなったというのは、ズボンをずらしてはく、ヘアスタイルをおかしな形にする、親への口の利き方も、不満があるかのような口調になる、ケータイに触れる時間が長くなって、眠そうな目つきをする、など明らかにおかしくなった。母親はどうにも不安になって、あれほど素直な良い子だったのに、どうしてこんなに変わったのだろうかと思って、心がふさいだ。こんな思いは、中学生を持つ親なら、誰でも経験しているだろう。

思い余って、担任の先生に相談した。お母さん、そんなことは心配ないですよ。お子さんは、クラスの皆に合わせて行動しているのです。そうしないと、なかなか集団生活に入っていけない時期なのです。少し永い目で見守ってください。自立する時が来ますから、と話した。それで母親は、少し安心した。おかしくなったのは、周りの友達のせいなのだと知ったからで、そういえば、その友達の親はだらしなくて、家庭のしつけができていないから、と納得した。

このような話は、どこの家庭でもあるだろう。たぶん、この子の友達の親も、同じように思っているのではないだろうか。子どもが悪くなったのは、相手のせいで、その原因は、親のしつけにあると思っているとしたら、そこに矛盾がある。43ページで述べた、遺伝説か環境説かで、親は都合の悪いことは環境説に原因を求め、都合の良いことは、遺伝説に原因を求める傾向があるからだ。自分の子がおかしくかったのは、環境説の友達のせいにして、友達がおかしくなったのは、遺伝説の親のせいにするのは、少しおかしな論理で、それなら、我が子も親である自分のせいではないのか、ということになる。しかし、それは無理もないことで、自分のことはなかなか気づかないからだ。

親のしつけ

電車の中の、幼児や子どもの行動が目に余る光景に出会うことがある。親のしつけができていないからだ。親も、まして他人の大人は、子どもに注意することをためらう。子どもがおかしくならないか、子どもの自主性を押さえることにならないか、もっと端的には、子どもに嫌われないか、という気持ちが働くからだろう。それは、親の気持ちを伝えていないで、我慢している姿である。子どもたちは、その姿から学ぶ。日本は、相手を見て相手に合わせる文化なので、相手が嫌な思いをすることは避けて、自分が我慢すればいいのだ、という意識が働く。物言わぬ文化と言ってもよい。それは、周囲に合わせる、集団に合わせる、自分は我慢する、なるべく意見を言わないようにする、という意識が芽生える。

道路を歩くときは、なるべく端を歩くように、向こうから来た人にぶつかったりするからね、とか、靴を履くときは、かかとをきちんとつけるようにしてね、靴がいたむからね、とか、今日は傘を持っていきなさいね、午後雨が降るかもしれないからね、とか、学校からまっすぐに帰りなさいね、寄り道するとおやつが食べられないから、とか、お父さんが帰ってきたら、お帰りなさいと言ってね、お父さんが喜ぶから、とか、枚挙にいとまがないが、親は子どもを、しつけている。しかし、しつけになっているかどうか疑わしい。親の言う通りを、受け入れさせているからだ。

道を歩くときは、端がいいね、なぜだと思う？とか、靴を履くときは、かかとをきちんとつけるといいね、なぜかわかる？とか、なぜに対する答えを、子どもに求めていないので、子どもは考える必要もなく、受け入れるしか方法がないのだ。幼児期からこのようなしつけを続けていると、自分で考えなくなる。言うことを受け入れる、疑問を持たなくなる、周囲に合わせるだけになる、というしつけなのだ。

もっと、なぜだと思う、どうしてだと思う、という問いを、子どもに投げかけたらどうだろうか。それは、自分で考えよ、それがなぜそうなのか、根拠を出しなさい、という問いなのだ。考えるという習慣を、しつけている。そこで、自分の意見と親の意見が違うこと、友達の意見も違うことを学ぶ。そのどちらがより説得力があるのか、より正解に近いのかは、根拠や理由や論理的な考えをよりどころにしている。つまり、親の意見や他人の考えに合わせる、というよりも、意見を持ち、違いを知り、どちらが論理的で、説得力があるかで、判断すると言える。

日本の親のしつけは、先に述べたように、放任で何も言わないか、先取りしてすべて言って、何も考えさえなくてすむような、しつけのようだ。しつけとは、鵜呑みにすることではなく、自分なりの判断力を養って、自分で自分を律することである。

いろいろな誤解

ケータイではいろいろな誤解が生じることは、よく知られている。例えば、「この服、かわいくない」とメールを送って、本当にかわいくないと思って送った言葉なのか、かわいいでしょ、と同意を得るために送ったのかで、正反対の意味になり、誤解が生まれる。同意を得るために送ったのに、かわいくないと受け取られると、子どもたちの世界で、付き合いが難しくなる。「一緒にテーマパークに行こう」と誘って、相手が、「なんで行くのよ」と返信を受けて、電車かバスか、という手段のつもりが、なぜ一緒に行くのか、と受け取られると、絶交状態になるだろう。

以上は、ラインなどの会話で、文字だけのコミュニケーションだから誤解されやすい例として、知られている。しかし、本当にそうだろうか。文字だけというよりも、元々の人間関係が希薄であれば、対面でも誤解されるかもしれない。上記の例でいえば、もし気心の知れている仲間なら、かわいくないって、どうして、理由を言ってよ、とか、一緒に行きたくないって、何かあったの、とか、気軽に聞くだろう。気軽に聞いても、許されるという前提がある。何かあったら、本当のことを言ってよ、と仲間なら、聞けるだろう。いじめが発生している背景には、表面は楽しそうに付き合っていても、心の中は、寒々しい風が吹いていて、ちょっとしたしぐさや言葉で、疑ったり傷ついたりする弱さがある。そして、本当のことを言えない、聞けない、もろい関係で成り立っている。

読者の皆さんは、一番好きな食べ物は何と聞かれたら、何でしょうか。私は、寿司、焼き肉、すき焼きなどと答えるが、ある調査によると、50歳から60歳代では、1位がカレーライス、2位がオムライス、ハンバーグ、4位以下が、卵焼き、ラーメン、コロッケ、寿司と続くというから、私の1位は、他の皆さんの7位であった。つまり、自分と人は、違うということである。人は、他人も自分と同じ気持ちや考えを持っているだろうという先入観で、付き合っているようだ。食べ物のような気楽な会話なら、どうしてカレーライスが1位なのか、と聞けるが、クラスメートが、君と一緒に行けないと言われると、そのように聞こえると、なぜなのと、気楽に聞けないことが問題なのである。同じに考えているという前提が崩されると、そこにギャップが生まれてくる。しかし、人は本来、同じではない。同じでないなら、自由に聞ける、自由に話せる、遠慮しなくていいではないか、と考えるほうが自然である。現実は、同じであるという前提にたって、大多数の同じ考えを持つ人が集まって、そうでない人を排除する論理が出てくる。これがいじめになる。

他人と同じ考えでないことを、気楽に、素直に言える人間関係ならば、何も問題は起きない。自分はこう思う、君はそうなのか、異なる意見が集まって、人は集団を作るが、全員一致ということは、本来あり得ないことである。しかし、そのことを前提にして人間関係を作ると、素直に自分の意見を言えない、相手の違いを受け入れられない、どうしてなの、と気楽に聞けない風土が生まれてくる。

先に述べた母親のしつけでは、子どもが意見を言えないような、親の意見と同じだ、そうだそのとおりだ、とうなずくことを前提にして、子どもに接してきた。それは、大人になっても同じ価値観をもたらす。会議で、違った意見を言うことは、かなりの勇気を必要とする。陰では、いろいろ言っても、会議ではその他大勢の意見に、賛同する。そのようなふりをするが、本音を隠すことが多い。きちんと言ってくれればいいのに、と思っても、日本の社会では、それが難しい。

正直に話す

海外の会議に出ると、意見は対立するが、会議を離れると、人間関係まで引きずらないことに、敬服したことがある。あれほど、激論を戦わしても、コーヒーの時間では、楽しそうに談笑している。私たちも、そのようなコミュニケーションをしたいものだと思う。海外に出ても、どうしても私たちは、日本の文化が表に出る。すいません、私は英語が話せないもので、と断ると、相手が、英語で話しているではないか、と不思議に思うようだ。確かに、論理的におかしい。この土産は、本当にお粗末なもので、と差し出すと、たぶん相手は、驚くだろう。それは失礼ではないか、と日本人を理解していなければ、思うだろう。まして、これは、私の妻です、愚妻ですが、と言ったら、この人は頭がおかしいと思うだろう。

留学生が入学してきて、私が、困ったことがあったら、なんでも言ってくれ、と言ったら、借金を申し込んできた学生がいた。しかし、借金についての説明をすると、すぐに納得した。気楽な会話だった。これが、日本人の学生なら、このようにドライにはいかないだろう。借金を申し込むとは、よほどの事情があったのだろう、思い詰めて、指導教員に相談したのだろう、もし断ると、後の人間関係はどうなるだろう、研究室の他の学生には、隠しておこう、などいろいろな推測をして、嫌であっても金を貸すかもしれない。このように、いろいろな背景を考えて、行動するしかないので、気疲れして、何かの誤解があると、それが人間関係を壊してしまう。本心がなかなか言えない状況を作り出している。

先に述べたように、好きな食べ物は何か、と聞いて、自分と他の人が違えば、どうしてと、気軽に、正直に聞けるが、ネットなどの会話では、炎上と呼ばれるように、完全に人間関係を崩すような状況まで進むことがある。それが、ネットいじめにつながる。このように考えると、いじめの問題は、自分と他人は、違う、同じではない、という前提に立ち、だから、どうして、と気軽に理由を聞ける、価値観や文化を持っていないからだと言える。

いじめのないクラス

大人でも、なかなか違う意見を言うことが難しいことは、誰も経験しているだろう。多くの場合、そうですね、わかりました、と言って、何もしないで、時が過ぎるのを待つ人が多い。このような人は、結局信用を失うことになる。その場しのぎで、切り抜けられると勘違いしているようだ。これからの子どもは、その場逃れでない行動ができるように育てたい。そのような子どもに、クラスの仲間は一目置くのである。

ある小学校を訪問した。国語の授業だったか、総合的な学習の時間だったか、記憶が定かでないが、グループで作品を作っていた。夏の野外活動で、海に行ったときのことを、絵日記風の作品を作って、クラスの前で発表することになっていた。グループには、まだ幼さの残る子どももいれば、甘えの残る子どももいる。グループには、リーダーがいて、ある女の子が仕切っていた。絵日記風に仕上げるには、皆で協力しなければならない。海岸で潮干狩りをしたこと、その時取った貝を描くこと、天気の様子を描くこと、文章に仕上げること、皆の感想を集めて書くこと、いくつかの問題点を挙げて書くこと、など多くの活動があって、仕上げるには、グループの子どもたちの協力がなくてはならない。

リーダーが、Aちゃんは、天気の様子を書いてね、と言うと、その時の天気の様子を覚えていなくて、嫌だと言っているが、リーダーは、潮干狩りの時を思い出してごらん、日に焼けて黒くなったから、どうだった、などと話している。それでも、幼児のようにぐずっていたが、分かった、でもとりあえず、やってみようよ、と言って、別の子どもに話している。Bちゃんは、潮干狩りの様子を絵に描いてね、と言っているが、どうも、この子も、駄々をこねているらしい。何かをまとめる時には、リーダーは苦労する。Bちゃんは、この前、先生に絵をほめられたじゃないの、とりあえず、やってみようよ、などと言って、役を振り分けた。Cちゃんは、文章を書いてね、というと、やはり気が乗らない風だったので、分かった、じゃ、私が書くから、Cちゃんは、とりあえず、これをやって、と話していた。その姿に、参観していた私は、感銘を受けた。リーダーはまとめなければならない。嫌がる子どもを、その気にさせて、作品をまとめなければならない。それを、とりあえずやってみようよ、という言葉で促した。そこには、まるで母親のような温かさと父親のような責任感があった、そして、担任の先生のように、ふるまっていた。リーダー以外の子どもたちとは、天と地のような違いを感じた。

リーダーがいるクラスには、いじめは起きない。それは、担任の先生、リーダー、子どもたちが、協力してクラスを作っているからだ。それは決して、教師の一方通行の指示で動いているのではない。リーダーのような子どもが存在していること自身が、クラスにルールがあり、それを作り上げていく風土があるからだ。リーダーも、嫌がる子どもたちをまとめるのは苦労があるだろうが、その子は当然のような表情をしていた。いじめが、クラス風土に依存することは、いくつかの研究でも実証されているが、経験的にも理解できるだろう。それは、家庭教育にも通じる。子どもに役割を与え、自分で何か責任を持たせることだ。掃除でも片付けでも花の水やりでも、何か全体の役に立つような仕事をさせることが、第一歩である。

13 学校では、どのようにいじめや不登校に対応しているだろうか？

前項で、いじめ不登校の問題について、どのような背景があるかを、述べてきた。現実には、どのように対応すればいいかが重要であるが、この対応策については、どの教育委員会も、どの学校も、模索中と言っていいであろう。読者の皆さんは、家庭でどうしたらいいかに関心が高いと思われるが、学校では、どう対応しているかを、知る必要がある。ここでは、そのことを述べよう。

母性と父性の働き

いじめや不登校の問題が深刻化するにつれて、平成25年に対策の法律ができて、教育委員会でもいじめ対策委員会ができた。私も、ある市のいじめ問題対策委員会に入っていて、いろいろな分野の専門家の議論に加わっている。ここでその議論を述べるのではなく、読者の皆様に、学校ではどうしているかを、知ってもらいたいと思い、この項を起こした。

いじめ不登校といっても、それは、特別な現象ではなく、先に述べたように、私たちの価値観や文化に関わることだと述べた。同時に、それは家庭における子どものしつけや、学校における子どもへの接し方にあることも、分かった。そこで、学校における子どもの接し方、これを、生活指導とか生徒指導とか呼ぶが、その考え方を述べて、読者の皆さんに、参考にしていただきたい。

第1は、学校は、119ページで述べたように、母性と父性の両方の機能を持っている。小学校は、発達段階から考えて、その学校文化は、母性的なやさしさ、受け入れる、家族的、許す、協調、女性の先生が多い、中学校では、その学校文化は、父性的な厳しさ、鍛える、先輩後輩、責任、競争、男性の先生が多い、などの違いがある。学校には、本来的にこの両方の機能があって、子どもの教育をしている。小学校を参観すると、必ず教室の後ろにノートや絵や習字などの作品があって、かつての自分を思い出す。宿題のノートだと思うが、そこに先生が赤ペンで記入してあった。子どもが、豊臣秀吉の臣の字を間違えていたのか、丁寧に修正してあり、そこに花丸で、「よく調べましたね、先生はうれしいです」と書いてあった。このような細かい指導に、ただ感心するしかない。小学校の先生はきわめて忙しい。お昼休みは休みではなく、給食指導の時間である。合間をぬって、子どもの宿題を見ている。それは、忙しい家事の間をぬって、子どもの面倒を見る、やさしい母親の姿と同じである。子どもたちは、学校に安らぎを覚えるのである。

中学校や高等学校では、それが異なる。私は若い頃、高等学校に勤めた。商業科があって、そこに当時としては珍しいコンピュータが導入されていて、情報処理の授業があった。1台のコンピュータ、当時は電子計算機と呼んでいたが、コボルでプログラムを書く課題が出されて、多くの生徒が受講していた。なにしろ1台しかないから、使用時間が限られていた。プログラムを書いた経験のある人は誰でもわかるように、すぐに成功することはまれで、何度も修正しなければならない。

電算機室は、朝早くから夜遅くまで開けていたが、修正する回数が多い生徒ほど、何度も電算機室に行かなければならない。学校から遠く離れた自宅から通っていた生徒が、早朝に電算機室の前で、座ったまま眠っていたという。担当の教師がカギを持って開けようとして、気が付いた。その生徒は、何度も何度も書き直しても、電算機に跳ね返されるので、よほど早く起きて、学校に来たのだろう。中学校や高等学校では、このような競争があり、そこにチャレンジすることも学ばせている。電算機は、薄情で、やさしい母親のように受け入れてくれない、ちょっとしたミスでも決して許してくれない。生徒は自分で、そこを乗り越えていくしかないのだ。これは、父性的な役割なのである。家庭教育でも、同じようなことが言えよう。

自分で考えさせること

先に述べたように、学校には両面がある。どちらの場合でも成功するには、条件がある。私が指導した大学院生の研究を述べよう。大学生を対象にした研究だが、毎回の授業で小テストを実施して、その間違ったテスト項目だけを解説したコメントを、大学生が携帯しているスマホに送る、というシステムを開発して実験した。

その結果は、予想に反して、学生の成績は向上しなかった。間違えた内容を自動的に解説してくれるのだから、弱点を乗り越えられるので、成績が向上してもいいはずなのに、逆であったことが、その大学院生には、ショックだった。受講した学生は、毎回自分の弱点を指摘されて、教えられるのは嫌だったと言った。その通りなのである。ダメなら、自分でなんとか乗り越えようとする意欲を持たせなければならない。教えるだけ、指摘するだけでは、意欲は出ない。いっそ、何もコメントしないほうが、学生には効果的である。なぜなら、自分でどうしたらいいか、考えるからである。

小学校6年生を対象に、計算ドリルの実験を行った。実験と言っても、夏休みの1か月という永い期間である。1つの群は、タブレットPCを用いて自動採点を行った。自動採点と言っても、単に、○か×かを表示するだけである。他方は、保護者に相談することを許す群であった。つまり人が関わる群であり、もし間違えたら、なぜかを教えてもらえるので、家庭教師のようなもので、研究仮説は、タブレット群が、どれだけ保護者群に近づけるかを、実証することであった。

結果は、タブレット群が、保護者群より成績が良かった。ここで、タブレットPCが優れていることを述べることが目的ではないが、この結果には驚いた。意表を突くような結果だった。そこで、子どもたちに、インタビューした。すると、お母さんに聞くと、なんでこんな問題ができないのとか、前も同じ間違いをしたとか、叱ってばかりいるので、嫌になって、聞くのを止めた、と答えたので、その理由がわかった。叱られるなら、むしろ物言わぬタブレットPCのほうが良いのである。

もしここで家庭教師なら、どうであろうか。もちろん、優れた効果を示したであろう。人が機械よりも優れているとは限らない。どう関わるかで、学習効果は決まるのだ。お母さんが、感情を持ち込まなかったら、別の結果になったであろう。その子どもが自分で考えるように、声掛けをして、子どもを認めてやれば、学習効果は上がるであろう。つまり、叱ることでも、教えることでもなく、自分でやってみようと、意欲を持たせることである。自分で乗り越えようとさせることである。それが、学習効果をもたらす。

自立すること

先に述べたように、子どもが自立するように手助けすることが、教師でも親でも求められている。自立した子どもは、自分の意見を持ち、そして周囲に合わせて行動でき、自分と他人は異なっていることを知っているので、他を認めることができる。いじめることも、いじめられることもない。一般的に言われるのは、いじめる子は、どこか自信がなく、その劣等感を、他人をいじめることで解消したいとか、過去にいじめにあって、その仕返しをしたいとか、家庭にも問題があって、親にもいじめられた経験があるとか、などのように、自分を正統的でない方法で、他人に対して仕返しをする傾向がある。つまり、正々堂々としていないのである。どこか屈曲していて、自己主張したいと思っている。

以前、大学生が、アルバイト先の店のアイスクリームの食品ケースに入って、その写真をネットで公開して、大騒動になった事件があった。この学生も、このような方法でしか自分を表現できない屈曲した心を持っている。

いじめられる子どもは、一般的には、おとなしいとか、何か言われても、言い返せない、周囲に合わせられない、空気が読めない、などのように、他から攻撃されやすい傾向のある子どもが多い。この子どもも、どこかおどおどして、正々堂々としていないのである。弱みを突かれやすい。いじめる子も、いじめられる子も、このように考えると、自信がなく、心が屈曲していて、堂々と自分を表現できない、つまり自立していない子どもの特徴に気づくだろう。

先の小学校のリーダーの子どもを思い出していただきたい。周りの子どもの気持ちを聞きながら、しかし、すべきことをするために、とりあえずやろうよ、と言って、まとめていく姿に、まるで先生のような、優しさと責任感を感じるが、それは、自立した大人のようなイメージを持つからである。その行動に、さっそうとした、すがすがしさと正々堂々とした態度に、共感を覚えるからである。

いじめが深刻な問題になったのは、傍観者と呼ばれる子どもたちが多いことも、原因の1つである。見て見ぬふりとか、いじめとわかっていても、いじめに対して何も言えず、傍観している子どもが多いのである。先に述べたように、言わぬが花のように、小さい時からのしつけによって、自分の意見を言わない、周囲に合わせる、大勢の意見に同調する、自分も他人も同じ考えが基本、など、違うことを前提としないしつけによって、あるいは、そのような文化によって形成された価値観に支配されているからである。

周囲と違うことを極端に恐れることは、大人でも同じである。何かの会合でも、どんな服を着ればいいのか、気になる。お礼は、どのくらいの金額か、気になる。周囲に合わせることで、私たちは生きてきた。その価値観や文化から逃れることはできない、とすれば、クラスのいじめに対して、子どもたちが傍観者になることを、大人は批判できないだろう。

これに対して、文部科学省は、いじめは人間として決して許されない、そして、傍観することも許されない、と強いメッセージを出した。それは、これまでの価値観や文化を変えようとする意思も含んでいる。道徳教育の重視も、その表れと言えるが、ここでは、実践的に、自立する子どもを育てようと、述べたい。

親が自分の子どもに愛情を注ぐことは、人情として、よくわかる。しかし、近年、それが過度になりすぎていないだろうか。大学の入学式や卒業式には、保護者同伴であることは、今や当たり前で、学生一人に対して、両親と祖父や祖母まで来るので、会場に入りきれない。大学の入学試験に付き添いでくるのは、仕方ないとして、企業への就職活動まで付き添う親がいると聞いて、もはや自立は無理と感じたことがある。

大学では、保護者面談がある。前期や後期の試験の前後に、保護者を招待して、成績のこと、進路のこと、授業の単位のこと、サークルのこと、アルバイトのことなど、学生と保護者を交えて、相談会を持つのである。かつて中学校で、このような保護者面談を受けた記憶がある。どの高等学校に進学したらいいか、まだ義務教育の段階なので、3者面談で、親と一緒に担任の先生と話し合ったことがある。しかし、高等学校ではなかった。ましてや、大学であろうはずがない。一人前なのである。私も、大学教員として保護者面談をしたことがあったが、まるで中学校のような印象を受けた。お子さん、と言っても、大学生なので、大人であるが、この成績はまずまずですね、などあまり意味のない会話をした。前期や後期の成績は、学生に渡すのではなく、自宅の保護者に郵送する大学が多くなった。あくまでも、大学生を保護する保護者なのだから、という理由だが、どこかおかしくないか。20歳を超えても、自立していない、というか、自立させないようにしているのではないか。

最近の学生は、真面目で、授業によく出席する。試験前になると、試験範囲や内容を、真剣によく質問する。そして、試験の結果、成績が発表されると、場合によって、クレームがくることがある。自分の成績は、もっと良いはずだ、と大学の教務課に問い合わせがくる。その時、その科目の担当教員は、きちんとした説明責任があって、本人と教務課に書類で説明しなければならない。適当に成績をつける大学教員がいるので、その防止策と言えば理解できるが、それにしても厳しい。

私の経験では、試験、レポート、作品などの評価を、コンピュータで処理しているので、きちんと説明したが、今の学生は、まるで予備校の生徒のように、成績に対して異常に敏感である。大学側もそれに対応して、もし教員側のミスがあった時は、学長に届けてお叱りを受けることになっているから、どこかおかしい。

ここで言いたいことは、日本全体が、子どもを自立させない、親が子離れできていない、子どもが親離れできていない、その結果、甘えと周囲に合わせることで生きて、自分と他人は違うことがわからない、堂々と主張することができない、という子どもや青年が育ってしまったのではないだろうか。だから、今の若者は、冒険をしない、海外へも行きたがらない、運転免許も取りたがらない、異性と交際したがらない、という希薄な生き方になってしまったのではないか。

今からでも遅くない。自立する子どもを育てることだ。叱ることでも、押さえつけることでもない、自分で考え、自分で計画を立て、自分で生きていくような育て方やしつけをしていくべきである。それが、いじめを防止する正統的な方法と主張したい。

14

学校では、どのようにして、子どもの自立を育てているのだろうか？

いじめ不登校の背景として、自立した子ども像が見えない、自立した若者像が見えない、ことを述べた。そして大学では、学生の意識が低年齢化していることを述べたが、小中学校では、どのような取り組みがされているのだろうか、それが子どもの自立につながるのだろうか、述べよう。

縦割りの活動

縦割りとは、学年を超えて、委員会や生徒会活動などをする組織であるが、どの学校でも、実施している。小学校の低学年から高学年まで、一緒になって縦割りで活動をしている。6年生が下級生に活動をさせる時に、6年生だけで話し合って、それを注意事項として廊下に張り紙がしてあった。

例えば、「低学年を指導する時には事前に話し方や伝達の仕方を、練習しておいたほうがいい、そうしないとその場ではなかなかうまく伝えられない」と書いていた。私の講演する時の準備と同じである。人前できちんと伝えるには、いくつかのポイントを押さえる必要があるが、それがその場では、出てこない経験を教訓として、伝えている。「低学年に説明するときには、何か小物をもっていくといい」という内容も、面白い。低学年に、言葉だけで説明しても、伝わらないので、小物、それが何を示すかわからないが、具体的な物を持っていくと、確かに低学年の子どもも納得しやすいのであろう。

「縦割り活動をするときには、事前に先生に相談しておくと、うまくいく」という内容も、興味深く、味がある。先生に相談をしないで、縦割りだけで決めると、それが校則に違反したり、安全な活動にならなかったり、保護者からクレームが来たりという懸念があるので、たぶん事前に相談したほうがいいという教訓だったのであろう。

このような文章を読むと、どこか大人びている、しっかりしている、人間関係をよく知っている、などの印象を受けるだろう。つまり自立していると感じるのである。小学生の子どもを持つ親の中には、えっ本当かと感じる人もいるだろう。それは、親から見れば、いつまでも子どもだという意識があるので、言って聞かせなければ、分かっていないから、という気持ちが働くからである。家では、こんなことはないよ、言っても聞かないし、聞き分けのない子だから、と思うかもしれない。その通りで、学校の縦割りで自立した考えを持つ子どもも、家に帰れば、親の言うことを聞かない子どもに戻るのである。正しくは、戻ることがある。

なぜだろうか。子どもは、立場によって、異なるのだ。教えられる存在なのか、教える存在なのか、言うことを聞かなければならない立場なのか、言って聞かせる立場なのか、聞いていればいいのか、自分で考えなければならないのか、黙っていればいいのか、発言しなければならないのか、どの立場にいるかで、子どもは途端に変わる。それは、大人であっても同じである。大勢の前で講演しなければならない、という状況では、時間の合間を見つけて、資料を集める、練習をする、ことは誰でも同じであろう。その人が勤勉な人だからではない。状況によって、人は変わる。講演会に参加しても、黙って聞いていればいいのか、質問をしなければならないのか、レポートを書かなければならないのか、その立場の違いによって、人は身を乗り出して聞くこともあれば、スマホに触れていることもあるだろう。その人が今、どこにいるのか、どの立場なのかで、天と地ほどの違いが生まれるのである。

学校で縦割りのリーダーであった子どもも、家に帰れば、母親の言うことを聞かない子どもに戻ることは不思議ではない。母親がどのような考えで、子どもに接するか、それが子どもの行動を決める。子どもは、役割を与えれば、素晴らしい働きをする。子どもを、大人のように自立した存在と認めれば、そのように行動する。そのような可能性を秘めている。その可能性を引き出す役目が、親であり、学校の教師である。

前項で書いたように、親は、黙って聞けばすむように、言われたとおりにするように、しつけをしている。子どもが、自分で考えなくても生活できるように、一生懸命に、子どもの世話をしている。それが、逆に、大学生になっても、社会人になっても、親離れできない若者にしているのではないか。小学校の縦割り活動で見るように、子ども自身が、文字通り主体的に活動させるようにすれば、子どもは変わる。

職場体験

中学校では、職場体験がある。どの中学校でも、地元にある職場に生徒たちが出かけて、仕事を手伝うが、その体験が子どもたちの成長を促す。

ある中学校で、生徒3人が、食堂で職場体験をした。その内の一人は、その食堂の息子であった。友達も一緒で、自分の家族が働いている食堂に出かけて、職場体験することは、思春期の子どもには、なかなかできないことだと思って、感心した。

この中学校の職場体験は、夏休みの期間であった。その夏は、例年にもまして暑かった。3人は、食堂の炊事場で手伝った。その時、初めて気が付いた。客席はクーラーが効いて涼しいが、炊事場は、とんでもない暑さだった。食堂は、中華料理店だった。その火力は並大抵ではなく、大鍋にまるで火炎放射器が火を浴びせているかのようだったから、その周りの暑さは、尋常ではない。その中にあって、皿を洗い、料理を運び、食材を包丁で切った。そして、店主から大声で指示された。

学校では給食当番があったが、その光景とまるで違った。給食は、ままごとのような感じがした。この体験は、中学生に、いろいろなことを気づかせた。客席と炊事場は、天国と地獄ほどの違いがある、皿洗いも半端ではなかった、少しでも手が緩むと怒鳴られた、お客さんに料理を運ぶ時の言葉使いも、学校の授業とはまるで違った。授業では間違っても許されるが、職場で間違えることは決して許されない。お店の朝の掃除も、学校の掃除の時間とは、比較にならなかった。職場という現実世界に触れた時、そこに本物の厳しさを知った。

その生徒が学んだことは多い。母親を尊敬するようになった。炊事場で、汗だくで働き、しかも早朝4時に起きていることを知った。掃除の仕方、言葉使い、皿洗い、あいさつの仕方、など学校との違いを学んだ。学校は、わからなければ教えてくれる、職場は、教えてくれない、自分でやるしかない、教えてくれる時間はない、一瞬一瞬が勝負の世界であった。この職場体験を機に、自分がしなければならないという自立することとの意味を知ったのである。誰も教えてくれない、甘えられない厳しさを知ったが、それ以来、その生徒は、自分が成長したように感じたと、作文に書いている。

別の子どもは、漁師だった父親について船に乗った。いろいろ聞いても、何も言わず、黙って見ていろ、と言っただけだったが、すごいとしか言いようがない経験をした、学校の授業は言葉で説明するが、仕事は言葉では説明できないと、高度な感想を作文に書いた。本物に触れることは、見方や考え方を深くする。

また別の生徒も、自分の父親の職場に行った。職場では、父親は、お客が来ると、愛想笑いをしてペコペコお辞儀をしていた光景が、自宅で食事をする時と、まるで違っていた。父親は、こうして家族のために戦っているのだと、作文に書いた。

どの作文にも、私は感動した。それは、生徒たちの目が、高度な視点をもって、職場を見つめているからだ。甘えた中学生ではなく、大人のような、自立した、しかも真正面から、堂々と現実社会を見つめているからである。このような体験は、子どもたちを成長させる。

異文化の経験

職場体験と似た経験であるが、異文化を体験することも子どもを自立させる。海外に体験留学などをした子どもは、それが1週間や数日であっても、英語について猛烈に勉強したくなる、勉強しなければと痛切に感じる、ことはよく言われる。これは、素晴らしい学習の動機づけである。親や教師が口酸っぱく言っても、馬耳東風だった子どもが、数日の体験で突然に変わることは、教育とか指導とは何だろうかと疑問に思わせる。勉強しなさい、などの言葉は、実際は何も効果がないのではないだろうか。それは、大人の気休めであって、大人の自己満足のために発する言葉ではないだろうか。ほとんど意味のない叱咤激励ならば、止めたほうが良いことは、論理的である。それよりも、本人がやる気を起こし、考えなければならない状況を与えることのほうが大切だろう。

それは、先に述べたように、子どもへの接し方、役割の与え方、現実社会への接し方などに、よって異なる。言葉で何度も言っても伝わらない。それよりも、漁師の父親が、黙って見ていろ、と言って、言葉以上の動機付けや意識付けを子どもに与えている。父親の、お客に向かって平身低頭する姿を見るだけで、子どもは感銘を受け、自立した見方をするようになる。食堂で働く母親の姿に、子どもは、学校と職場についての深い考察をするようになる。自分の置かれた位置について、上の目から見られるようになる。このことを、メタ認知と呼ぶが、人は知的に発達するに伴い、自分の行動や考え方などを、上から見るようになる。客観的に、見るようになる。

いじめ問題の多くは、いじめという行為が、どのような結果を招くのか、子どもたちに見えていないので起きる。目先のことだけが見えていて、あの子は、生意気だ、空気が読めない、などの、文字通り幼稚な考えだけで行動して、その先が見えていない。つまり、自分の行動を上から見えていないのである。大人や分別のある生徒なら、それが見えているので、全体を見て、判断する。上から、総合的に、メタ的に、状況を理解して、認知して、行動する。それが、自立した子ども像なのである。先の小学生のリーダーや、職場体験した生徒の作文に、他の子どもよりも深い知性を感じるのは、メタ認知能力が育っているからであろう。

サービスラーニング

大学でも、中学生の職場体験と似たような学習がある。その1つは、サービスラーニングである。聞きなれないかもしれないが、大学生が、職場や施設などに行って、自分たちの特技を使って、社会に貢献する活動のことである。

例えば、教育学部の学生ならば、小中学校に出かけて、教師の手伝いをする、教材の準備を手伝う、小テストの採点を手伝うなどの活動を行うのである。私は、教育学部の教員をしていたので、実際に経験しているが、その学習効果は高い。学生は教員免許を取得するためには、教育実習に行かなければならないが、その正規の科目以外に、ボランティアとして、つまりサービスとして学校に出向くのである。

そこで、貴重な経験をする。大学の講義では、理論を学ぶが、現実の学校は、実践の場である。そこで、現場の様々な場面を経験しながら、自分の考えを深めていく。このように書けば、それが中学生の職場体験に近いと、理解されるであろう。

この活動はボランティアであるので、強制ではない。この活動に参加している学生と、参加していない学生を面接すると、その違いがはっきりわかる。参加している学生は、現場のことがよくわかっているので、地に足がついたような答え方ができる。これに対して、参加していない学生は、教科書や参考書から得られた知識を中心に答えるので、よく勉強していることは評価できても、役に立つ学生かどうか疑問が残る。現場は、先の職場体験のように、甘くはない。子どもは、鋭く教師を見ていて、即座に対応し、判断しなければならない。その判断が遅れると、子どもを危険な状態に置くことになるかもしれない。少し待ってください、と言って、教科書を開くことはできない。だから、どうしたらいいかと、上からの目で、総合的に、かつ瞬間的に判断しなければならない。このように、現場に求められる教師は、知識よりも、メタ認知能力を求めているので、このような体験が必要になる。

以上のように、学校における、自立する活動について述べてきた。縦割り活動も、職場体験も、サービスラーニングも、実践という場を通して、自分は何をしたらいいか、どうすべきかを、学んでいる。すべてを与えられて、言われたとおりにするのではなく、自分で考え、自分で判断する、ことが要請される。その経験が、自己を上から、つまりメタ的に見直すことにつながっている。家庭で、どうすべきだと述べるつもりはないが、少なくとも、子どもに考えさせ、判断させる場面を多く作っていただきたい。例え、いじめの場面に出会っても、どうしたらいいかが、見えるからである。適切な判断ができるように、なるからである。

15

学校では、どのようにして、子どもに自信を持たせるように指導しているのだろうか？

いじめる子もいじめられる子も、自立していないことがわかったが、同時に自信がないことも、共通して見られる特徴である。自信を持っている子は、どんな事態においても、なんとか乗り切る気持ちを持っている。子どもたちには、いろいろな場面で、自信をもたせるような工夫が必要だが、学校ではどのように実践しているだろうか。

青い目茶色い目

アメリカで制作され放送された有名な教育実践の番組をＮＨＫが放送したが、そのタイトルは、「青い目茶色い目－教室は目の色で分けられた－」という。私がなぜこの番組に興味を持っているかというと、教育学部の講義の時に、毎年、学生たちに視聴させたからである。

15　学校では、どのようにして、子どもに自信を持たせるように指導しているのだろうか？

１９６８年という昔に、アメリカの小学校で、ジェーン・エリオットという女性の先生が実践した内容を映像化したもので、決して日本ではできない教育実践であるが、子どもたちを青い目と茶色い目のグループに分けて、ある日は、青い目の子が優れていると言って、茶色い目のグループを差別し、別の日には、茶色い目の子が優れていると言って、青い目のグループを差別するという実践で、決して人種差別をしてはいけないことを訴えるドキュメンタリーである。その最後の場面で、差別された子どもたちは、首に黒い布を巻かなければならないのだが、その布を引きちぎる光景が印象的で、今でも目に浮かぶ。

しかし、私が興味を持ったのは、優れていると言われた子どもたちと、劣っていると言われた子どもたちの算数の成績の関係だった。差別された子どもたちは、その日の算数の点数は下がり、あくる日に、本当は優れていると言われた時の算数の点数は、逆転して高くなったという事実である。それは、絵に描いたような結果であった。君は能力があって素晴らしいよと言われた子どもは、自信を持ち、その意識が算数の点数を向上させた、としか解釈しようがない。逆に、君は能力が低くて、何をやっても駄目だよと言われた子どもは、自信を失い、それが算数の成績に影響を及ぼしたと、解釈できる。

この実践は、子どもたちに自信を持たせること、自分は大丈夫だ、と思うことの大切さを訴えている。逆に、自分は駄目な人間で、自分は価値がないと思うことの怖さである。これは、自己肯定感と呼ばれるが、自分を肯定的にとらえることの大切さと言ってもよい。自己を肯定的にとらえること、それは、算数の成績だけでなく、すべてに効果的に働くであろうことは、経験的にもうなずける。

国際調査

例えば、国際調査を見てみよう。アメリカ・イギリス・フランスなどの欧米諸国の若者の80％以上が、自分を肯定的にとらえていることに対して、日本は45％程度と、きわめて低い（内閣府、平成26年版子ども・若者白書）。私も、大学生に対して調査をしたが、90％の学生が、自分を反省することが多いと答えている。欧米も決して生活が豊かとはいえず、失業率も日本よりはるかに高いが、自己を肯定して生きていく良さを認めている。日本は全体に、自分を引け目に思うことが多く、自分の良さを認めようとしない傾向がある。ある意味では、日本人の美徳と言ってもよいかもしれないが、これでは自信を失っていくのではないか。

子どもたちの国際学力調査でも、小学生も中学生も高校生も、諸外国に比べて高い学力を示し、トップレベルにあるが、新聞紙上では、必ず低い科目について、大きく報道される（例えば、文部科学省、２０１６年国際学力調査（ＰＩＳＡ、ＴＩＭＳＳ））。このように考えると、日本人は、自分たちの弱さや欠点について、よく反省し、それを無くそうと、努力するように思われる。先に述べたように、美徳であるに違いないし、その努力によって、発展してきたことも事実であろう。

しかし、このように考えてみよう。人を、丸い球のようなものだとすると、その球の表面は完全に丸い形ではなく、でこぼこがあるにちがいない。完全な球形に比べると、へこんだ部分もあるだろうし、飛び出した部分もあるだろう。へこんだ部分を欠点とか弱さと考えると、飛び出した部分は、長所とか強さと考えることができる。丸い球系は、理想的な形で、それを仮に全体の平均と考えると、人は、自分の欠点を埋めて、平均に近づこうとしているのではないか。これが、周囲に合わせるとか、周りに気を使うとか、自分を表現しないとか、の行動パターンを形成していることになる。日本人は、絶えず反省しながら、へこみを埋めているのではないか。

しかし、飛び出した部分にも、目を向けてみよう。人より優れたものがあるではないか。このように、周りと比べて、強い面と弱い面、優れた部分と劣った部分、長所と短所を持つことが、自然であって、それを人は、個性と呼んでいるのである。だから、埋めるだけでなく、伸ばすことも考えるほうが、自然なのである。周囲に合わせながら、自分の良さを伸ばしていく、それが個性だと知れば、弱い部分もあるが、強い部分もある、埋める努力をしながら、伸びる努力もする、すべて内向きに考える必要はなく、完全な球形をした人は、誰もいないし、例え、いたとしても、個性がないので、面白さもない。親も教師も、子どもの良さの部分を伸ばすことを、考えよう。それは、子どもを認めることに他ならない。

いろいろな能力

以上のように、学校では、なんとか子どもの良さも引き伸ばしたいと思っている。学校の教師は、子どもたちが失敗した場合でも、大丈夫だと言うが、世の中の大人を相手にした声掛けとそこが違う。大人の社会では、駄目か大丈夫かの結果を明確にし、競争の社会では、這い上がる人間が生き延びられる。駄目であっても、まだ大丈夫と思って、努力する力がある人が、社会で生きられるとすれば、その力は学校教育の中で養う必要がある。

教師は子どもに、算数ができなくても、国語ができる、国語ができなくても、体育ができる、体育ができなくても、音楽が得意だ、学力は低くても、クラスに人気がある、のように、大丈夫だと言い続ける。それは、形式的にそう言うのではなく、現実に先のことは誰もわからないからである。実際、世の中で活躍する人が、すべて学力の高かった子どもばかりではなかったはずで、学力には自信はなかったが、教科以外の面で抜きんでた人が、活躍している例も多い。このように得意な才能を生かす、個性を生かすように育てることは、教育の基本である。だから、教科の点数が低かったから、駄目とは言えない。まして、将来の生き方に水をさしてはいけない。いくらでも可能性がある。

ハーバード大学のハワード・ガードナーという著名な学者は、多重知能論（ＭＩ）を提唱したが、それは、紙と鉛筆だけで測定する知能だけでなく、他の知能にも注目すべきだと主張して、教育界では、多くの賛同を得ている。確かに、世の中で必要な才能は、教科の学力だけでないことは、誰もが感じているだろう。多重知能には、人とのコミュニケーションなどの対人的知能も含まれているから、納得するであろう。いろいろな能力があっていいのだ、その能力を伸ばすことに、もっと目を向けたい。

一人歌いと100校プロジェクト

広島県東広島市立河内小学校は、興味深い実践をしている。一人歌いの取り組みで、2007年から実践して、2007年では広島県学力テストで県平均よりかなり低かったが、その翌年の2008年から、子どもたちの学力が急速に伸び始め、広島県でも有数の学力の高い学校に成長した。私が審査員をしている第26回東書教育賞(2010年)で、優秀賞に輝いたからである。その一人歌いとは、小学校に入学すると、自分の持ち歌を決めて、いろいろな場面で歌うという活動である。

初めは、どの子どもも恥ずかしがった。そうであろう。授業の始めにも、子どもが前に出て、持ち歌を歌うのである。学校行事や委員会活動は当然ながら、地域の人が学校に来てリクエストをするという。リクエストされた子どもは、お昼休みに、廊下などで歌う。お年寄りなどから、拍手をもらう。持ち歌が評判になると、リクエストの回数や集まってくる地域の人たちの数も増えていった。

その拍手を受けて、子どもたちは、次第に自信を持つようになった。拍手の中で、子どもは育つのである。私は、東書教育賞の審査もしたが、広島県のローカルテレビで紹介された番組を視聴したので、その様子を知ったのである。この小学校の卒業生は、一人歌いについて、次第に誇りを持つようになったと言うが、人に認められる、拍手をもらう、そのことが、子どもに自己肯定感を育てたのであろう。

1994年頃から、日本の学校に初めてインターネットが導入された。その頃に、私はインターネットの教育利用の研究と実践に関わった。当時、競争倍率10倍の中から100校が選ばれて実践研究を行ったので、100校プロジェクトと呼ばれた。

当時、フランスの核実験が話題になった。その核実験に対して、どう思うか、についてのアンケートを群馬県の中学校で、ネットのホームページに公開したら、2週間に2000を超える膨大な数の反応があった。英語版もあったので、フランスから反応があり、それは、核実験に賛成という意見だった。賛成という意見を想像すらしていなかったので、中学生たちは驚いた。現実の世界は、反対もあれば賛成もある、国によって、民族によって、環境によって、考えが異なることを学んだ。そして、こんなに反響が大きかったこと、海外からも、大人からも回答が来たこと、英語版が世界に通じたこと、教科書以外の現実を知ったこと、に自信を持ち始め、それから、学習だけでなくすべての面で積極的になったと言う。生徒たちは、どこか成長して、自分たちはやればできる、と思うようになった、と述べた。このような体験は、子どもたちに、これからの生き方にも影響を与えるだろう。

多くの人は、自分より優れた人を見て、自分はとてもついていけない、無理だと、勝手に想像していただけなのだ。世の中で成功した人は、どこかで自信を持つ成功体験をして、それがきっかけになっているようだ。成功という世俗的なことより、子どもたちに、これからを生きていく上で大切な自信という贈り物を持たせたい。

16

教師は、子どもを、どのようにほめたり叱ったりしているだろうか？

先に、子どもたちに自信を持たせる大切さを述べた。それは、ほめればいいのだ、と短絡的に考えてはいけない。ほめただけでは、放任になってしまう危険性がある。逆に、叱ればいいかというと、そうではない、と誰も思うであろう。ほめることと、叱ることの両方が、必要なのである。どのように、ほめ、叱ればいいのだろうか。

なりたい職業

小学生に、なりたい職業は何かと聞くと、サッカー選手や野球選手などの願望で答える。学年が上になるにつれて変わるが、読者の皆さんは、高校生では何だと思うだろうか。男女とも圧倒的に、教師なのである。これは、昔から変わっていない。教師も、小中高等学校、幼稚園、などがあり、男子と女子で多少異なるが、かなりの高校生が、教師を希望していることは、間違いない。教師に続く順位として、医師や薬剤師、大学教員、公務員、芸能人などが続くが、中学生でも、なりたい職業として、教師のランクは高い。それは、医師や薬剤師や官僚は無理だと思っているので、自分の背のたけに合っている職業として、教師を選ぶ場合もあるが、あこがれている高校生もかなり多い。

かつて、でもしか先生と呼ばれたが、そのような時代は、終わった。私が、教育学部の教員を務めた時に、考えがしっかりしている、家庭でしつけができている、夢がある、などの学生は、教師を目指していた。教師でもなるか、という学生は、素質がなく、仮になっても数年で止めてしまうことが多い。つまり、教師という仕事は、素質がかなり影響する。教員志望の学生は、小中高等学校と学校生活を経験して、このような仕事に自分を表現してみたい、と思っている。大学教員も、同じ教師だから、どこか価値観が共通している。

その教師の仕事とは何か、と聞くと、ほとんどの人は、授業と答えるだろう。しかし、授業は慣れればなんとかなるが、難しいのは、どう指導するかで、どのようにほめ、どのように叱るかである。そして、最も難しい指導は、叱ることである。

ベテラン教師と新人教師

小中学校を訪問して授業参観すると、どのような指導をしているか、およそ分かる。私だけでなく、ほとんどの教育専門家や研究者は、同じことを感じる。それは、学校に限らず、商店でも、会社でも、家庭でも同じだろう。企業ならば、日常の上司と部下の人間関係、家庭なら日常の親子関係が、訪問した時に、隠しようがないくらい、表に出るからである。ベテラン教師の場合は、ほとんどの場合、クラスが落ち着いている、教師の話す言葉が、子どもに伝わっている、子どもたち同士が協力している、けじめがある、ルールが守られている、教室が整理されている、などの特徴があるので、雰囲気が訪問者にとって心地良いのである。新人教師の場合は、上記と逆で、どこか落ち着きがなく、子どもたちに、なめられているような印象を受ける。どうしてだろうか。ベテランと新人には、いろいろな違いがあるが、大きな違いは、子どもをどれほど理解しているかである。

教育では、児童理解や生徒理解と呼ぶが、この理解がどの程度かが重要で、ほめるところでほめず、注意すべきところで放置し、叱るべきところで叱からず、感情的に怒ってしまう、リードすべきところで子どもに任せ、子どもの自主性を待つべきところで口を出し、というように、ちぐはぐになっている。それは、子どもが見えていないからである。どうすれば見えるのかは説明しにくいが、私の失敗談を述べよう。

私は、大学院生の研究指導中心の大学を終わって、私立の教育学部の教員になった。教育学部は、自分の価値観に合っているので、教員生活は楽しかった。前任校で研究指導をしていた経験上、卒業研究ゼミは問題なかったが、授業の方法論がわからず困った。1年目は、学生が勉強しないから、レベルが低いからだと、学生のせいにした。前期が終わって、ふと気が付いた。他の教員の授業では、学生たちは、喜々として、私語などもまったくなかったから、学生のせいではないことを知った。それで、自分の受け持っている科目が学生の興味を引かないのだと、科目のせいにした。これも、半年後の後期が終わって、ふと気が付いた。同じ科目で、素晴らしい講義をしている非常勤の先生を思い出した。授業が始まる時間に、学生たちが走って教室に入り、遅刻者は一人もいなかったからである。もう半年後の翌年の前期の終わりに、また気が付いた。自分の教え方が悪かった、そして、学生たちが見えていなかった、と、ようやく自分のせいだと分かった。

この当たり前のことに気が付くのに、1年半を費やした。1年半前は、この資料やこの教材や、この講義で、なぜ分からないのか、まったく理解できなかったが、1年半後は、この資料では理解できるはずがない、この教材では面白くもないし興味も引かない、何を考えていたのだと、学生の目で見えるようになったのである。もちろん、1年半の間に、教材研究や資料集めなど勉強したが、それはまだ浅いレベルだった。さらに工夫を凝らした結果、ようやく学生が、こちらの意図通りに反応してくれるようになった。それは、目の視力が弱くて、ぼんやりとしか見えなかった世界が、眼鏡をかけて、輪郭もしっかり見えるようになったという表現が合っている。

この間、私も積極的に関連学会にも参加し、科学研究費を受託して教育方法を研究した。そのかいあって、少しは自信ができた。授業に行って、講義をするのが、楽しみになった。このように、相手が見えること、理解すること、それには時間がかかる。そこで、小中学校では研修会があり、大学でもＦＤ（大学教員のための教育方法改善）研修会が盛んになってきた。

感情と叱り方

ほめ方も叱り方も、当然ながら、相手の年齢・特性や環境・状況に依存するので、一般的な技法は言えず、実践例を参考にすることが妥当な方法だと思うが、ここでは、基本的なことだけ述べておきたい。ほめ方も、すべてほめれば良いというわけではないことは、誰でも納得するだろう。小中学生にも、どのクラスに行っても、同じようにほめる教師は、信頼されない。何をほめるのか、何を叱るのかを明確にしないで、全体をほめても叱っても、意味がない。どの行動が良かったのか悪かったのかを明確にすべきで、その子ども自体をほめても叱っても、ごまかしに過ぎないことは、子どもでもよく理解している。お前は悪い、と言うと、人間そのものの存在を否定しているようもので、誰も納得できない。当たり前だが、このことに気づかないのは、感情的になっているからである。

加藤由樹・加藤尚吾・他（日本教育工学会論文誌31（4）2008）による電子メールにおける感情の研究は、興味深い。電子メールなので、相手の顔は見えないので、誤解は生じやすいが、対面であっても程度の差はあるが、類似の傾向があるので参考にしてもらいたい。感情の状態も、いろいろあるが、この論文では、ポジティブ（肯定的な感情）、ネガティブ（否定的な感情）、敵意の3つに分類した。面白がって、喜んで、などはポジティブで、残念がって、不安になって、などはネガティブで、怒って、苛立って、などは敵意として分類している。

加藤・加藤らは、ある課題を実験協力者に出すが、その課題を実行する時に交わされた電子メールでの会話を記録して、分析した。分析によって、ポジティブ群、例えば、朗らかで明るい人、ネガティブ群、例えば、落ち込みやすい人、敵意群、例えば、怒りっぽい人、の3つの感情群に分けた。

詳細な実験方法は省略するが、結果をまとめると、以下のとおりである。1つは、電子メールの内容がポジティブと解釈できる場合、読み手がどんな感情群であっても、ポジティブな感情が生じる。つまり、ポジティブな感情で書いた内容は、そのままポジティブに伝わる。また、読み手がポジティブ群の場合は、書き手がどんな感情群であっても、ポジティブに受け止める傾向がある。これは、素晴らしいことである。

2つは、特に敵意群の人、つまり怒りっぽい人は、書き手の感情をネガティブな感情と解釈すると、敵意が生じる。逆に、敵意の感情と解釈すると、ネガティブな感情が生じる。これは、幼児期に、泣くこと（悲しみ）に対して、親から叱り（怒り）を絶えず受けていると、それが結びつく傾向があることと、一致している。例えば、子どもが、計算ができない、逆上がりができない場合でも、なんでこんな簡単なことができないのか、と苛立って叱るなどで、自分の気に入らない場面に対して、怒りや苛立ちを覚えるのである。

また、敵意群は、書き手がどんな感情群であっても、敵意に受け止める傾向がある。このように、怒りは、子どもに対して、きわめて大きな影響をもたらすことに、注意してほしい。

以上から、肯定することの素晴らしさ、怒ることの怖さ、が理解できる。だから、叱る場合も、怒りという感情を伴わないことが、大切である。しかし、この実践は難しい。いくつかの実践的な方法はあるが、ここでは、以下の点だけ述べる。

1つは、先に述べたように、子どもを否定するのではなく、どうしたらいいかの改善を言うか、考えさせる。否定するのは、人格すべてを否定するようなもので、どんな子どもも個性を持っているので、改善したいことだけを言うのは、当然である。

2つは、きちんと叱ることである。きちんと、という意味がわかりにくいかもしれないが、冗談半分とか、笑いながら、ごまかしながら、叱ると、子どもはそのように受け止め、伝わらない。私の経験では、正式に、これはいけない、これは良い、基準をきちんと言うのである。相手を、子どもというより、大人のように考えて、その背景に約束とか契約などの考えがあることを、子どもたちに伝えたい。そこでは、冷静で、感情的にならない。

3つは、始めが大切である。私は、大学や大学院でも、4月の始めのゼミや授業の時に、ルールなどを伝えることにしているが、小中高等学校の担任の教員でも、ほぼ同じようだ。たぶん長年の経験から得られた実践の知恵であろう。

詳細については、紙幅の関係で省略するが、子どもたちは、教師も親もよく見ている。親も教師も、約束を守らないと、えこひいきをすると、途端に言うことを聞かなくなる。それは約束違反であり、契約違反だからである。

17

学校教育と家庭教育は、どこが違い、どこが同じだろうか?

親が、我が子の成長を願うことは言うまでもない。家庭教育という言葉があるが、学校教育と違って、正式なカリキュラムがあるわけではないので、なんとなく、しつけ程度にしか考えていない家庭が、ほとんどであろう。それでよいのだが、家庭での生活は、子どもの行動様式や人格形成に、重要な影響を与えている。改めて、学校と家庭の違いについて、考えてみよう。

隠れたカリキュラム

教育では、隠れたカリキュラムという用語が、よく用いられる。これは、教師が意図しなくても、知らず知らずの内に、子どもたちに、価値観や行動様式を伝えているという意味で用いられるが、アメリカの学者によって提案され、広まり、教育学や社会学の分野でよく知られている。

例えば、ある小学校の女性の先生に聞いた話がある。自分の受け持つクラスの子どもたちが、その先生の自宅に行きたいと言う。そこで、何人かの子どもたち、男の子と女の子たちが、やってきた。日曜日で、その先生のご主人も在宅していたので、子どもたちの遊ぶ様子を眺めていた。小学生が遊ぶ姿は、見ているだけで楽しい。その先生も、学校とは違ったリラックスした気持ちで、一緒に遊んだ。やがて子どもたちが帰った後、ご主人が、その先生に言った。子どもたちの振る舞いは、君にそっくりだね。特に、あの男の子が怒るときのしぐさが、まったく同じだよ、と。それを聞いて、その先生は、愕然としたという。その男の子のように、自分は決して怒ってはいない、と思っていたし、こんなにやさしく子どもたちに接していたのに、と自負していたからである。

自分では気が付かないが、知らず知らずの内に、子どもたちに伝わっていたのだ。それは、国語、算数などの教科の学習のように、学習指導要領に、教える知識や技能は明示されてはいないが、確実に子どもたちに伝わっている。隠れているが、それは紛れもなく、カリキュラムである。このような経験は、私にもある。

大学院生のOBたちの同窓会に出ると、昔話に花が咲く。大学院生と、定期的な研究打ち合わせを私の部屋でしていたが、研究なので話に夢中になる。私の部屋と学生室は隣り合わせだったので、打ち合わせが終わると、大学院生は、学生室に戻る。その後の大学院生の、話し方、姿、行動が、まるで私のようで、ミニ赤堀になった、という噂がよくあった、という。このように、教師の姿、価値観、行動などは、接する子どもや学生に伝わっている。教室の学習と同じである。教師が、君は男子だから風紀係で、君は女子だから掃除係だ、と言えば、男子と女子の役割の違いを、子どもたちに、良い意味でも悪い意味でも、教えていることになる。

学校だけではなく家庭でも、同じである。学校で花の栽培の授業があって、ある小学校1年生が、先生に話した。この土は、いい土ですね、と。まるで大人の会話のような口調だったので、聞いてみると、母親の実家に行ったとき、その実家の畑で野菜などの栽培をしていた。実家の祖母が、この土はいい土だよ、と言っていたので、それが伝わったのだと分かった。大好きな祖母の言葉なので、自然に覚えたのだろう。この隠れたカリキュラム論から言えば、夫婦喧嘩の絶えない家庭では、喧嘩の仕方を、子どもに伝えているようなものであり、掃除が行き届いた家庭では、きれいに掃除することを、知らず知らずに伝えている。家庭だけに限らない。地域の祭りや行事や近所付き合いでも、あらゆる活動を通して、子どもたちに、価値観や行動様式や知恵を伝えているのである。

入学式・卒業式

読者の皆さんも、入学式や卒業式などの学校行事に、参加することもあるだろう。体育館に、紅白の幕が張られ、来賓が祝辞を述べ、全員、起立、礼などの号令が響く。教員も全校生徒も、緊張した顔つきで、式を進める。これも、隠れたカリキュラムで、式は厳かに行うこと、来賓には失礼のないように振る舞うことなど、教師や先輩の生徒たちの行動から学ぶのである。家庭では、このような厳粛な行事はないかもしれないが、葬儀などにおける振る舞いでは、このような学校行事から得た行動様式が現れる。成人式などの行動も、同じである。基本は、学校教育で教えている。入学式から始まって、卒業式で学校教育は終わる。それは、当たり前のようであるが、素晴らしい知恵なのである。

教育は、教育をしなくてもいいように、教育するのである。教育課程という営みは、これでもう教えなくてもいいように、その目的を果たすように教える。教えることを否定することが、目的なのである。その目的が果たして達成されたのだろうか、という問いが、大学の教育課程に対して生じて、卒業する単位だけで目的を達したのではなく、どのような能力を身に着けたのか、それを明確にするために、大学卒業資格要件として、学士力という基準が設定された。この考えは、小中高等学校にも影響を与え、次期の学習指導要領に、資質能力という用語が明記されることになった。

いずれにしても、目的を果たして卒業することが、教育にとっては、きわめて大切であるが、家庭教育では、このことがまだ成熟していないようだ。147ページでも指摘したが、親離れ・子離れができていない家庭が、きわめて多いのである。いつまでも、自宅にいて、通学する、通勤することが、目的ではないはずである。子どもは、家庭教育から、卒業してもらわなければならない。学校教育の在り方を見習っていただき、家庭教育の卒業式が、普及することを期待したい。

時間割

学校には、当たり前であるが、時間割がある。時間割にしたがって、授業を行い、学級会を行い、学校行事を行い、給食を食べる。ほとんどの学校の時間割は、週ごとに作成されていて、月曜日は何の教科を何時間というように、決められている。家庭と違うところは、この時間割だろう。家庭にもよるが、家庭で過ごす時間にも、およその時間割があるようで、この曜日には、塾に行ってとか部活で遅くなるなど、生活のパターンが決まっている。

子どもが、どのように家庭の時間を過ごすかが、ポイントになる。学校では、全員が同じ時間割で授業を受けるので、無駄な時間を過ごすことは、あまりない。大学では、どの科目を履修するかは、学生の計画によるので、時間割はない。あるとすれば、個人ごとの時間割であり、この曜日はアルバイトなどの時間割を作っている。諸外国では、小学生でも、大学と同じように、個人ごとの時間割を作っている学校もある。大学と同じように、全員が一緒ではなく、個人の能力や学習進度を尊重して、時間割を作る考え方がある。アメリカの小学校を訪問したら、首に時間割を書いたホルダーをぶら下げていた子どもがいたので、聞いてみたら、個人ごとの時間割だった。

ある調査によると、対象は中学生だったが、成績の良い生徒と、そうでない生徒の差は、この時間割にあった、と言う。この言い方は、正しくない。時間割の隙間を、どう使うかで、成績が分かれるという結果だった。

例えば、成績の良い生徒は、授業が終わって、部活の始まる間の隙間時間に、単語カードをめくる、ノートをチェックする、下校時間になったら、すぐに下校の準備をする、などの特徴があるが、下位の成績の生徒は、隙間時間のほとんどは、何もしないか、他の生徒と話すか、黙っているか、などであった。このように言うと、良い成績の生徒は、勉強だけの生徒のように思われるかもしれないが、そうではない。この隙間時間を有効に使う生徒は、部活も生徒会も勉強にも、すべてに積極的であった。これは、なぜだろうか。

時間を有効に使っているのである。学校に行くと、朝の会があり、授業があり、給食があり、部活があり、帰宅しても、塾などがあるかもしれないが、ともかく忙しいようだ。しかし、忙しい時間を、どれだけ有効に使うかという方法を、知っているのである。それは、大人であっても、同じである。

時間を持て余している人には、重要な仕事は任せられない、と言う。それは、無駄な時間を過ごす癖がついているからだろう。忙しい人や仕事のできる人は、少しの時間も有効に使う方法を知っている。その有効という意味は、密度が濃いと言ってもよい。先の中学生が、例えば、隙間の時間を使って、部活の部室でもノートをチェックしている場合、教室や自宅の机に向かっている場合と、どちらの密度が濃いかは、自宅だからとか、部室だからとか、電車の中だからとか、関係ないのだ。どれだけ集中しているかだろう。それは、時間を無駄にしたくないという気持ちが働くからで、中学生でも、そのことの重要さに気づいているからである。

長い夏休みを、どう過ごすかは、夏休み明けの学校生活に大きな影響を与える。大人であっても、長い休み明けの出勤日には、憂鬱になる人も多い。ある友人は、里帰りして、数日間、何も勉強や仕事をしなかったら、脳細胞が切れたような気がして、居ても立ってもいられなかった、と言った。実家へ帰っても、キャンプでも観光でも家事でも、何か時間を有効に使っていたら、こんな気持ちにはならなかった、と言ったが、実感であろう。

夏休みでなくても、土日をどう過ごすかで、子どもの月曜日の学校生活に影響を与える。小学校の教師が、よく言うが、学校生活に戻すのに、1日かかると嘆いていたが、それは、勉強についてではない。時間割のない生活から時間割のある生活への変換が難しいのである。だから、先の隙間の時間を有効に使う生徒は、勉強に限らず、部活も、生徒会も、すべてに無駄をしたくないと思っているのだ。それは、与えられた時間を有効に使う、生きている時間を大切に使う、ことに気づいているのである。自宅で、だらだらとした時間を過ごすことに慣れてしまった子どもは、時間割のある学校生活へ戻ることが嫌になり、学校生活のすべてに消極的になりやすい。ひいては、学校に行きたくないという兆候が出てくる。

手帳を使う

どうすれば、時間を有効に使うことができるのだろうか。それは、計画を立てることである。簡単には、手帳を使うと良い。仕事をする大人は、手帳を持ち歩いている。手帳がなかったら、どのように活動をしたらいいか、わからないからである。そこに、少し気づいたことを書き入れると、良い。これは、私の実践である。あの時、こんなことがあって良かった、もっとこうすれば良かった、など振り返ることができる。こうして、自分の時間をもっと大切に使おうという気持ちになる。

この方法を、かなり昔に、ある高等学校で講演したら、早速生徒手帳を大きく作り直して、生徒が書き込みできるようにしたと、聞いた。後から聞いた話では、生徒が意欲的になった、学習効果が上がった、なによりも、自主的になった、と言う。生徒自身が、自分を振り返ることである。振り返れば、どうすればいいかが、わかる。親や教師に言われても、なかなか生活習慣などは変えられないが、自分で気づけば、改善できる。変えようと思うからである。それが、気づくという意味である。

教育学部の私のゼミの学生と、卒業研究の打ち合わせをした。何を研究したらいいかわからない、と言ったので、今困っていることは何か、と聞いたら、教員採用試験（通称、教採という）を受けたいが、なかなかやる気が起きない、参考書を開くと眠くなってしまい、1日が無駄に終わってしまう、と言う。それなら、それを卒業研究にしたらいいとアドバイスしたが、どうしたらいいかわからないと言うので、手帳に自分の行動をすべて書き込み、そして自分で気づいたことをメモするように言って、それを毎日眺めて分析するように言った。

1か月後、その学生が嬉しそうに、私に言った。分かりました、アルバイトがあったり、ボランティア活動をしたり、レポートを書いたり、その時間が多いほど、教採の勉強時間が多いことが、分かった、時間があるから、教採の勉強ができるのではないのですね、と言って、教採の勉強時間と他の活動の時間の相関係数を計算したら、0.68だった、と報告した。それから、すべての活動に積極的になった。気づくことの素晴らしさである。なお、この学生は、難関を突破して、自分の出身県の教採に合格した。出身県が東北の大震災を受けた地域で、卒業式で取材を受け、その様子が地方新聞に掲載された。

18

学校教育を知ることで、親は、子どもにどう接したらいいだろうか？

これまで、学校教育の基本について、述べてきた。知っているつもりで知らないことも、多かったのではないだろうか。日本の学校教育は、江戸時代の寺子屋から現代に至るまで、永い歴史がある。その教育の営みには、家庭教育でも参考になることが多い。家庭教育に役立つ学校教育については、本書で書ききれないほど多様にあるが、この最終項では、これまで本書で述べた内容に関連して、家庭における子どもの接し方で、参考になることを中心に述べる。

評価する

学校教育の重要な活動の1つに、評価がある。評価全体について述べると、膨大な紙幅を要するので、ここでは、基本的な考え方だけを述べて、家庭教育の参考にしていただきたい。評価というと、読者の皆さんは、すぐにテストや入学試験などを思い浮かべるであろう。中間テストや期末テスト、実力テストや模擬試験など、あまり良い思い出はないかもしれない。それは、何か測定されている、何かランク付けされている感覚があるからだろう。そこには、競争、選抜、合格・不合格、採用・不採用、進級・落第、など心地良い用語と苦い用語がある。評価には、このような順位をつける、成績をつける、などの機能がある。これは、教育では、総括的評価と呼ばれる。総括とは、これまでの活動を振り返ることなので、君の努力の結果、このような成績でしたという意味で、総括的に評価される。

しかし、もう一つ、形成的評価と呼ばれる評価がある。形成的とは、例えば、人格形成と言えば、立派な人格を作ることなので、何か目標となる形を作ることである。そのための評価なので、商品テストを考えると、わかりやすい。それは電化製品でもラーメンのような食品でもいいが、何か目標とする形があって、それに向けてテストをして、足りないところを改良することが目的になっている。

総括的評価の対象は、子どもや生徒などの評価を受ける人であるが、形成的評価では、評価する人にある。この評価は、テストのような形式を伴わない場合も多い。例えば、小中学校の先生方は、あの時、子どもは、こんな発言をした、これをもっと取り上げるべきだった、あの教材の、ここをもっと強調すれば、子どもたちに伝わったのに、など、授業を通して、多くの示唆を子どもたちから受けている。このような示唆は、形成的評価の典型と言って良いだろう。これを組織的に行う方法が、授業参観後の教員研修会である。授業を参観した先生方が、その場面を振り返って、ここはこうしたら良かった、あの場面の先生の問いかけは素晴らしく、それで流れが変わった、などの意見を出し合い、授業技術を磨いているのである。

この教員研修会は、日本の学校教育のお家芸でもある。授業研究と呼ばれて、アメリカやアジア諸国でも、日本発祥の教員研修会が広がっており、高く評価されている。この教員研修会では、子どもに教わる、子どもから学ぶ、という言葉がよく聞かれる。確かにその通りである。文字通り、どう授業を改善したらいいか、それは子どもが先生であって、子どもから学ぶしか方法はないのである。先生方は、毎日、生きた子どもから、教えてもらっている。

このことは、家庭教育でも、参考になるだろう。今日の子どもの出来事を、親たちが話し合って、どうしたらいいか、自分を振り返ることができたら、子育ては、質的に変わるだろう。子どもを見る目が、異なるからである。10ページに述べたように、教師は子どもの言葉をキャッチし、医者も体からのメッセージを受け取って、対応している。そうは言っても、なかなか子どもは言うことを聞かない、という声が聞こえてきそうであるが、自分を振り返ること、それが、改善につながることは、189ページに述べた通りである。子育てで問題があったら、振り返ってみよう。何か気づいたら、それは、改善のチャンスである。

割れ窓理論

あまり聞きなれない用語だと思うが、少し解説しておきたい。犯罪に関係した考え方なので、教育とはなじみが薄いが、参考になるので紹介しておこう。建物の窓が割れている、これをそのまま放置しておくと、他の窓も割れて、やがて住民のモラルが低下して、犯罪が起きやすくなる、だから、犯罪は小さいことから取り締まるべきだ、という考え方である。例えば、タバコの吸い殻を道路に捨てて放置しておけば、これは捨ててもいいのだと、暗黙のメッセージを送っているようなものであり、タバコの吸い殻が増える、やがて、タバコだけでなく、ポイ捨てが許されると拡大解釈して、一般のゴミも道路に捨てるようになることは、誰も経験しているだろう。先に述べた、隠れたカリキュラムと言ってもよい。

しかし、教育的には、犯罪防止というというよりも、どうしたらいいかという改善策を考えたい。私は、自宅の前の道路にタバコの吸い殻が捨ててあるのが気になって、塀にタバコ捨ての缶を置いたら、道路にタバコの吸い殻は無くなった、という経験をしている。ベテラン教師は、暗黙的に実践しているようだ。例えば、仲間同士でふざけているように見えても、実はいじめの初期であったりする場合がある。ベテラン教師は、子どもからのサインをよく知っているので、すぐに話しかける、よく聞くと、些細な不満があることを知り、それを解決する手立てをする。つまり、未然に、問題になる前に手を打つ。

新人教師は、そのサインを見逃すか、知っていても、放置することが多く、やがて学級全体が、先生の言うことを聞かなくなる、という道をたどる。教師は、気づいた時に、すぐに対応すべきだが、子どもたちに悪く思われたくない、嫌なことは後回しにしたい、楽しいことだけを話したいという気持ちが働いて、放置することになりやすい。手を打たないでいるのは逃げているのであり、結局新人教師は自立していない、と言える。自立すること、それは、133ページに書いた小学生のリーダーのように、手を打つこと、他の子どもの気持ちを聞きながら、とりあえず、こうしようと言って、対応することなのだ。親も、同じで、すぐに手を打とう。ただし、それは叱ることでも、怒ることでもない、よく聞くことから始まる。感情的になってはいけない、ことは、すでに述べた通りで、そのためには、179ページに述べたように、しっかりと正式に聞くとよい。

実践の専門家とは

このことの意味は、すでに60ページに述べたが、再度認識しておきたい。教師は、医者、弁護士などの専門家と異なることを、述べた。社会で活躍する職業人は、ほとんどが、医者、弁護士などと同じ専門家である。職場体験をした中学生が、いろいろな仕事を経験するが、食堂の料理人や漁師など、すべて専門家である。ただ、教師の場合は、知識や技術というよりも、実践の場で得られた経験知や暗黙知が意味を持つ、反省的実践家であると述べた。

小中学校教師の専門は、国語や算数などの教科の専門ではなく、どう指導するか、どう子どもに接するか、の実践に根差した専門家であると述べた。国語や算数などの内容について知りたければ、大学や研究所の専門家に聞けばよいわけで、小中学校の教師は、子どもとの関わりにおける専門家であり、内容なのか方法なのかの違いと言ってもよい。このことの意味を勘違いして、世の親は、学歴や内容の知識を根拠にして、小中学校の教師を軽く見る傾向があり、これがモンスターペアレントの現象の背景にもなっている。

子どもにどう接するか、それは文献や講義だけでは得られない。理屈を知っても、実践できないからである。だから、教員になる学生には、教育実習が必須となっていて、現場で学ぶのである。すなわち、子どもから学ぶのである。子どもから教わり、それを振り返って、それを体得して、即座に対応できる実践力を身に着けるので、教師は、反省的実践家と呼ばれる。このことは、世の中の専門家にも、広がっていった。内容だけ詳しくても、方法についての実践力が身についていなければ、仕事がうまくいかないことは、コミュニケーション能力や実行力などが重視されることを思えば、理解されるだろう。当然ながら、専門の内容を熟知していなければ、論外であるが、それだけでは、今日の社会では通用しない。

親が、我が子にどう接したらいいのか悩むときは、実践の専門家である教師に聞くと良い。体の具合が悪くなった時に、医者に駆け込むように、子どもの接し方で困った時は、担任の先生に相談すると良い。その時の相談に、少し心がけていただきたいことがある。43ページで述べたように、我が子がおかしくなったのは、友達のせいというように、環境説に基づいて理解する傾向がある。さらに、その環境説を適用すれば、我が子の勉強ができないのは、教師のせい、いじめに会うのは、学校のせい、教育委員会のせい、などのように発展するだろう。確かに、そのような側面がないとは言えないが、教師は、子どもに接する実践の専門家だということを、もう一度思い出してほしい。その親の対応の仕方が、問題の解決を左右する場合がある。

あるベテランの教育相談員は、どうしても、いじめ不登校がなくならない学校の対応に苦慮していた。教師にも親にも子どもにも、何度も話を聞いた。このベテランの相談員は、多くの相談を受ける内に、ある統計的な事実に気が付いた。問題のある学校やクラスには、親と担任教師との間がうまくいっていない、直接的に言うと、親が担任教師を軽く見ている、ことが多かった。そこで、親に対して、教師は実践の専門家であることを説明して、次第に親が担任教師を尊敬するようになって、ほとんどの問題は解決したと言う。

これは、ある一面の真理を物語っていると言える。相手を認めることが、解決の糸口になるからである。いじめ不登校に限らず、教育上の問題は、相手が悪い、友達が悪い、自分の考えは正しい、という環境説に立っていることが、多いのである。親子喧嘩でも、友達との付き合いでも、些細なことでも、問題の多くは、自分に非がなく、相手に非があるという、43ページで述べたような考えが基本になっている。その基本を変えることが、解決の糸口になる。

教師は、子どもから学ぶ、子どもから教わる、と述べた。それが、実践という意味である、と述べた。自分を変えることで、子どもが変わることを知っているので、授業が生きてくる。それが、反省的実践家という意味である。親が、子どもにどう接すればいいのか、それは子どもから学ぶ、子どもから教わり、自分の在り方を変える、という反省的実践家になることである。実践しながら、声掛け、対応、役割の与え方、子どもの認め方、の方法を体得することである。それは、一般的ではなく、その子に合った、それぞれの方法がある。なぜなら、子どもは一人一人違う個性的な存在だからである。

子離れと親離れ

これについても、147ページで述べたように、親の価値観や文化の問題であるが、このことの大切さを、もう一度認識していただきたい。学校には、卒業式があると書いた。子離れができない親は、いつまでも卒業式をしたがらない、教師のようなものであり、親離れができない子どもは、学校に居続ける落第生のようなものである。教育とは、教育しないことを目的とすることである、と述べた。家庭でも同じで、早く独り立ちできるように、親は支援することである。このことは、学校教育でも意識するようになった。今日の教育課程は、自ら課題を見つけ、自ら課題を解決し、と自立する人間像を目指している。教師は、教える立場から、自立する子どもを支援し、アドバイスを与える立場に変わっている。変わろうとしている。

家庭でも同じことが言えるのではないだろうか。親は、支援者であり、アドバイザーである。そのように、変わることである。親の庇護の元で、という言葉は、保育か幼児期には適しても、小学校以上には、適していない。幼児期でも、自立という理念は、生きている。人が生きる上で、最も根源的な考えかもしれない。

ただし、教育することを否定してはいけないし、自由放任と混同してはいけない。本書では、母性と父性、ほめることと叱ること、ドリルと文章題、遺伝説と環境説、など、対比的に述べてきたが、それらに横たわっている一貫した考えは、子どもの自立、主体性、ということである。自分で考え、自分で判断し、という自立する子ども像を目指している。そのために、学校は何をしているのか、親は、そこから何を学べば良いのかを、専門的な概念も解説しながら述べた。

索引

赤堀侃司 著作

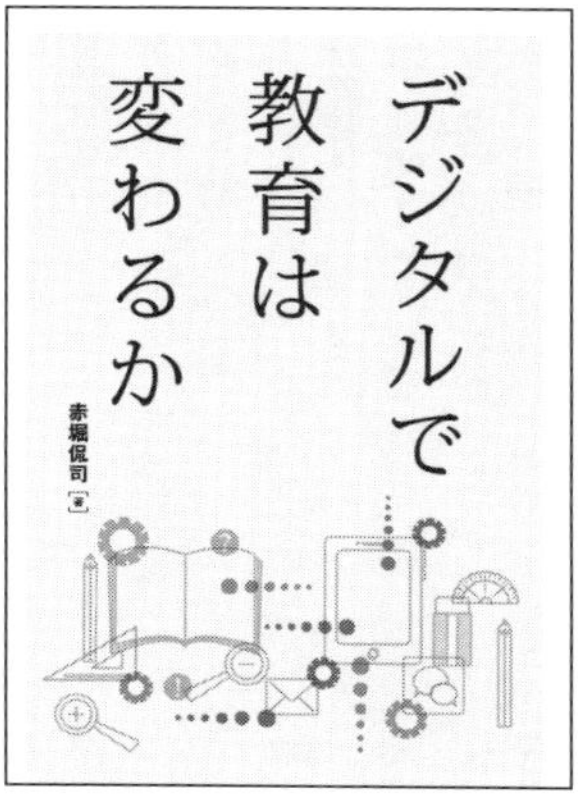

デジタルで教育は変わるか

［定価］ 本体価格 1760円＋税
［ISBN］ 978-4-906768-35-6

最先端の教育現場から伝える“今”と“これから”

ICT やアクティブ・ラーニングなど最先端の取り組みが教育の現場でどう取り入れられ、どのような効果をもたらしたのか。国内外で実際に著者が見聞きしたエピソードや現場の声を交えて、デジタルの導入で変わる教育について語ります。

教育工学への招待 新版

［定価］ 本体価格 1,800円＋税
［ISBN］ 978-4-906768-15-8

教育工学とは何かを多方向から解説

本書は、教育工学とは何かを多方向からとらえた解説書です。e-learning、インターネットを活用した共同学習など、ICTを活用した取り組みについて取り上げています。

新版では、古くなった記述を更新したほか、章末問題に対する解答も記載していて充実の一冊となっています。

タブレットは紙に勝てるのか

タブレット時代の教育

［定価］ 本体価格 1,650円＋税

［ISBN］ 978-4-906768-24-0

メディア活用の光と影をみつめる

タブレット、パソコン、紙それぞれを使った学習効果について、実証実験の結果に基づいて解説しています。紙とタブレットは何が異なるのか、どんなメリット／デメリットがあるのか、学習にどんな影響を与えるのかについて知ることができます。

さらに、タブレット時代の教育や教育の現場についても、解説しています。

タブレット教材の作り方とクラス内反転学習

［定価］ 本体価格 1,600円＋税

［ISBN］ 978-4-906768-30-1

具体例でタブレット活用を実践

「初めてタブレット教材を作る人」のために「誰でも簡単に作れること」「時間がかからないこと」「タブレット端末の特性が活かせること」を念頭に、著者自身が作成したタブレット活用の実践本です。

さらに、タブレットを活用した『クラス内反転学習』の授業モデルを初めて活字で提案しています。

著者紹介

赤堀侃司（あかほりかんじ）

東京工業大学大学院理工学研究科修了後、静岡県高等学校教諭、東京学芸大学講師・助教授、東京工業大学助教授・教授、を経て、白鷗大学教育学部長・教授（2014年度まで）

現在、(一社)ICT CONNECT 21会長、(一社)日本教育情報化振興会会長、東京工業大学名誉教授、工学博士

●万一、乱丁・落丁本などの不良がございましたら、お手数ですが株式会社ジャムハウスまでご返送ください。 送料は弊社負担でお取り替えいたします。

●本書の内容に関する感想、お問い合わせは、下記のメールアドレスあるいはFAX番号あてにお願いいたします。電話によるお問い合わせには、応じかねます。

メールアドレス◆mail@jam-house.co.jp　FAX番号◆03-6277-0581

親が知っておきたい
学校教育のこと　1

2017年3月30日　初版第1刷発行

著者	赤堀侃司
発行人	池田利夫
発行所	株式会社ジャムハウス
	〒 170-0004　東京都豊島区北大塚 2-3-12
	ライオンズマンション大塚角萬 302 号室
カバー・本文デザイン	船田久美子（ジャムハウス）
印刷・製本	シナノ書籍印刷株式会社

ISBN 978-906768-38-7
定価はカバーに明記してあります。